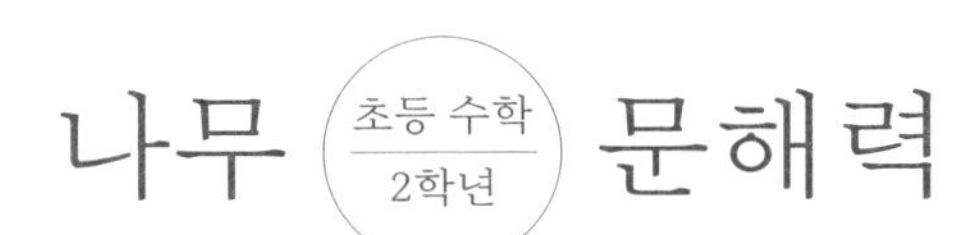
나무
초등 수학
2학년
문해력

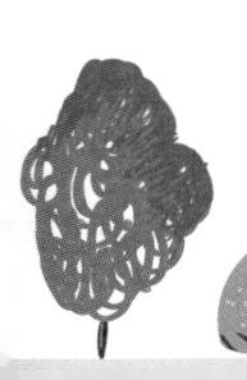

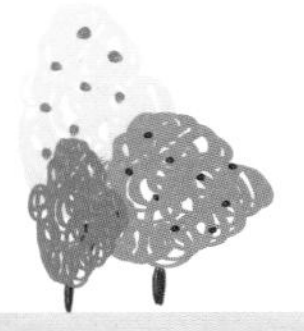

나무 문해력 초등 수학 2학년

이해하고 판단하고 사용하고 참여하는 입체 문해력

초판 발행일 2025년 1월 10일

지은이 윤병무
펴낸곳 국수

등록번호 제2018-000158호
주소 경기도 고양시 일산동구 진밭로 36-124
전화 (031) 908-9293
팩스 (031) 8056-9294
전자우편 songwriter@kuksu.kr

ISBN 979-11-90499-67-5 74080
ISBN 979-11-90499-51-4 (세트)

책값은 뒤표지에 쓰여 있습니다.

나무 문해력

초등 수학

2학년

이해하고 판단하고 사용하고 참여하는

입체 문해력

윤병무 지음

국수

'나무 문해력' 초등 교과 시리즈를 내며

문해력은 이제 국민의 관심사입니다. 왜 '문해력'에 큰 관심이 생겨났을까요? 초중고 학생들뿐만 아니라 이미 대학 교육을 받은 성인조차도 문해력이 미흡한 사람이 많은 까닭일 것입니다. 문해력이 미흡한 이유는 글을 읽지 못하기 때문이 아닙니다. 글은 또박또박 읽어 내어도 글에 담긴 내용은 제대로 이해하지 못하는 사람들이 적지 않습니다. 왜 그럴까요? 그 까닭을 부족한 어휘력 때문이라고 진단한 책들도 있습니다. 틀린 지적은 아닙니다. 하지만, 어휘력이 향상되는 만큼 저절로 문해력도 향상되는 것은 아닙니다. 글은 어휘의 나열이 아니라 문장과 문단으로 이루어진 입체적 구조물일뿐더러, 때로는 글쓴이가 의도적으로 숨긴 의미도 담고 있기 때문이며, 글에는 글쓴이의 감수성의 무늬가 새겨진 문체도 있기 때문입니다. 그것을 종합적으로 알아차리고 독자의 의견도 독서 반응으로 말과 글로 표현할 수 있는 능력이 바로 문해력입니다.

그런데도 표준국어대사전을 찾아보면 ‘독해력’과 ‘문해력’의 뜻은 비슷합니다. 독해력은 ‘글을 읽어서 뜻을 이해하는 능력’이고, 문해력은 ‘글을 읽고 이해하는 능력’이랍니다. 이 뜻풀이는 독해력(讀解力)과 문해력(文解力)을 한자 뜻으로만 정의한 것입니다. 하지만 영어로는 독해력은 reading ability이며, 문해력은 literacy입니다. 그래서 영어로 독해력은 ‘읽기 능력’입니다. 그럼, 영어로 문해력은 무엇일까요? 영어사전에 literacy는 ‘글을 읽고 쓸 줄 아는 능력’이라고 나와 있습니다. 그런데 사실은 리터러시(literacy)의 개념은 그렇게 간단하지 않습니다.

리터러시(literacy)의 개념, 즉 문해력 개념이 왜 간단하지 않은지 살펴보겠습니다. 첫째, 글을 읽는 활동은 ‘글의 내용을 이해하는 것’이 기본 목적입니다. 그래서 문해력의 첫 번째 의미는 ‘글을 이해하기’입니다. 둘째, 글을 읽는 활동은 독자에게 생각 거리를 줍니다. 글의 내용이 옳은지 그른지를 판단하게 하고, 글이 나아간 한계를 알아차리게 하고, 때로는 글의 내용을 비판도 하게 합니다. 그래서 문해력의 두 번째 의미는 ‘글을 판단하기’입니다. 셋째, 글을 읽는 활동은 읽은 글을 두루 사용할 기회를 줍니다. 읽은 글의 일부를 독자가 쓸 글에 옮기고 싶게 하기도 하며, 글 내용에 필요한 정보 가치가 있으면 누군가와의 대화에서 그것을 말하고 싶게 하기도 합니다. 그래서 문해력의 세 번째 의미는 ‘글을 사용하기’입니다. 넷째, 글을 읽는 활동은 그 글에 대하여 참여하게 합니다. 누리 소통망(SNS)에 글을 읽은 소감을 쓰거나, 학교에 제출할 보고서를 쓰는 활동이 그 사례가 되겠습니다. 그래서 문해력의 네 번째 의미는 ‘서술로써 참여하기’입니다.

이렇게 문해력의 개념은 마치 네 갈래로 나뭇가지를 뻗은 나무와 같습니다. 그런데 방금 얘기한 문해력의 네 가지 개념은 제가 구분 지은 것이 아닙니다. 네 개념의 풀이는 제가 밝혔지만, 문해력을 네 가지 활동 능력으로 구분한 것은 2013년에 경제협력개발기구(OECD)에서 정의한 내용입니다. 즉 OECD는 국가별 국민들의 문해율을 조사한 보고서에서 문해력을 이렇게 정의했습니다. “문해력이란 글을 이해하고 판단하고 사용하고 참여하는 능력이다.”(OECD, *OECD Skills Outlook 2013: First Results from the Survey of Adult Skills*, p. 59). 이 정의는 ‘문해력’ 책을 기획하며 자료들을 찾아보던 저를 공감시켰습니다. 문해력이 그저 ‘글을 읽고 이해하는 능력’에 그친다면, 그것은 ‘독해력’과 별반 다르지 않은 개념일 텝니다. 그리고 문해력을 그렇게 협소한 뜻으로만 삼는다면 그런 태도는, 앞으로는 우리 사회가 버려야 할 주입식 교육, 수동적 학습, 경쟁의 척도로 쓰이는 상대 평가를 연장시킬 따름일 텝니다. 그래서 저는 문해력 책을 1차원적 개념으로 접근하고 싶지 않았습니다.

그리하여 이 책 각 장에 딸린 ‘문해력 테스트’는 OECD의 정의에 따라 구성했습니다. 즉, 각 장의 지문(글)에 대하여 ① 이해하기 활동, ② 판단하기 활동, ③ 사용하기 활동, ④ 참여하기 활동을 하도록 편성했습니다. 각 장의 지문은 초등 2학년 수학의 핵심 지식을 담고 있으며, 그 내용을 산문으로 풀어 썼습니다. 그 지문들을 이 책의 독자가 이해하고, 판단하고, 사용하고, 참여하도록 네 부문의 질문으로 내놓았습니다. 그리고 어린이 독자의 ‘글을 이해하는 능력’을 향상시켜 줄 창발적 방법론을 제시했습니다. 그것이 바로 이 책의 제목이 된 ‘나무 문해력’ 익히기입니다. ‘나무 문해력’ 시리즈는 글의 내용을 나뭇가지 모양의 도식으로 이해하는 방법을 전수하는 책입니다. 즉, 지문(글)을 구조적으로 읽어 내어 그 뼈대를 나뭇가지로 그리면서 글의 내용을 맥락으로 이해할 수 있게 하는 방법이 그것입니다. 그러니 독자 여러분은 우선 각 장의 지문을 읽고, 그 지문에 딸린 나무 그림을 보고, 다시 그 지문 내용을 확인하면서 '나무 문해력'을 익히기 바랍니다.

'답' 중에는 '정답'도 있고 '오답'도 있고, '적절한 답'도 있고 '부적절한 답'도 있습니다. 이 얘기는, 질문 중에는 '정답/오답'이 있는 질문도 있고, '적절한 답/부적절한 답'이 있는 질문도 있다는 말이기도 합니다. 그래서 모든 '답'은 '질문'을 따라다닙니다. 어떤 '질문'이냐에 따라 '답'은 '정답/오답' 또는 '적절한 답/부적절한 답'으로 나뉜다는 말입니다. 그중 '정답/오답'은 우리에게 익숙합니다. '적절한 답/부적절한 답'은 우리에게 익숙하지 않습니다. 이 책의 문해력 테스트 중에서 '참여하기'에 내놓은 질문들은 대개는 '적절한 답/부적절한 답'으로 구분될 질문입니다. '참여하기'란 '어떤 일에 끼어들어 관계하기'입니다. 그러니, '참여하기'에는 '정답/오답'보다는 '적절한 답/부적절한 답'이 더 자연스럽습니다. 독자가 '어떻게 참여하느냐'에 따라 그 독자의 문해력의 수준이 나타난다고 저는 생각합니다. 우리는 이미 AI(인공 지능)의 대답을 듣는 시대에 살고 있습니다. 그런데 AI의 대답은 질문을 어떻게 하느냐에 따라 다릅니다. 어찌하다 보니 이제는 질문하는 시대가 되었습니다. 질문은 참여하는 활동입니다. 이 책의 문해력 테스트 중에서 '참여하기' 활동은 적절히 대답하는 능력뿐만 아니라 적절히 질문하는 능력도 키워주리라고 저는 생각합니다.

2024년 세밑에

지은이 윤병무

추천의 말

이형래

『읽었다는 착각』, 『문해력 교과서』 공저자
서울대학교 사범대학 부속 초등학교 교장 역임

초등 국어 교육에서 매우 중요한 주제가 있다. 그것은 '읽은 글을 이해하기'이다. 그래서 이 주제는 학년별 초등 국어 교과서에서 자주 다룬다. 그러한 이 교육 주제는 단원에 따라 다음과 같은 성취 목표를 갖는다: 이야기에서 사건이 일어난 차례를 살피는 것, 글에서 주요 내용을 찾는 것, 글에서 중심 문장과 뒷받침 문장을 찾는 것, 글에서 일어난 일의 인과관계를 살피는 것, 글에 나타난 글쓴이의 의견을 알아차리는 것, 글에서 생략된 내용을 짐작하는 것, 글의 흐름을 이해하는 것, 글의 내용을 간추리는 것, 글에서 '사실'과 '의견'을 구분하는 것, 글에서 등장인물의 마음을 짐작하는 것, 이야기에서 '인물·사건·배경'을 살피는 것, 글에서 문장의 짜임을 살피는 것, 읽은 글의 내용을 평가하는 것, 설명하는 글을 요약하는 것, 글의 내용을 추론하는 것 등이 그것이다.

그런데 이러한 교육 목표를 성취하려면 우선은 글쓴이가 글에 어떤 내용을 어떤 순서로 써 냈는지를 학생이 알아차려야 한다. 즉, '아하! 이 글은 이런 내용이 이런 순서로 쓰여 있구나!' 하고, 글을 읽은 학생이 글의 주요 내용을 간추릴 수 있어야 한다. 다시 말하면, 글을 읽은 학생이 그 글의 핵심을 짧은 문장으로 토막토막 적을 수 있어야 한다.

그러기 위한 가장 좋은 방법은 무엇일까? 나는 '나무 문해력 시리즈'에서 바로 그 최선의 방법을 발견했다. 즉, '나무 문해력'은 글의 요점을 나무 한 그루를 그려 가며 나뭇가지마다 적는 방법을 익힐 수 있게 유도해 주고 있다. 이 방법을 익히면 학업 성취도를 높이기 위하여 반드시 문해력을 갖추어야 하는 학생들에게 매우 유용한 습관이 될 것이다. 그런 의미에서 나는 '나무 문해력' 시리즈가 우리 초등학생들의 문해력 향상에 매우 바람직하게 작용할 것이라고 확신한다. 그래서, 추천한다!

이 책의 구성

지문 읽기

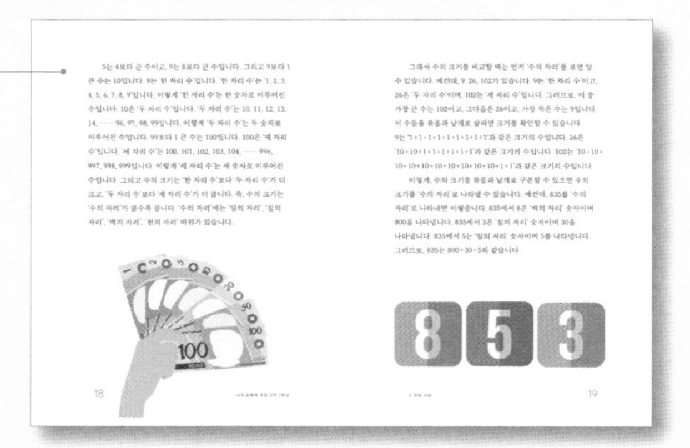

5는 4보다 큰 수이고, 9는 8보다 큰 수입니다. 그리고 9보다 1 큰 수는 10입니다. 9는 '한 자리 수'입니다. '한 자리 수'는 '1, 2, 3, 4, 5, 6, 7, 8, 9'입니다. 이렇게 '한 자리 수'는 한 숫자로 이루어진 수입니다. 10은 '두 자리 수'입니다. '두 자리 수'는 10, 11, 12, 13, 14, …… 96, 97, 98, 99입니다. 이렇게 '두 자리 수'는 두 숫자로 이루어진 수입니다. 99보다 1 큰 수는 100입니다. 100은 '세 자리 수'입니다. '세 자리 수'는 100, 101, 102, 103, 104, …… 996, 997, 998, 999입니다. 이렇게 '세 자리 수'는 세 숫자로 이루어진 수입니다. 그리고 수의 크기는 '한 자리 수'보다 '두 자리 수'가 더 크고, '두 자리 수'보다 '세 자리 수'가 더 큽니다. 즉, 수의 크기는 '수의 자리'가 클수록 큽니다. '수의 자리'에는 '일의 자리', '십의 자리', '백의 자리', '천의 자리' 따위가 있습니다.

그래서 수의 크기를 비교할 때는 먼저 '수의 자리'를 보면 알 수 있습니다. 예컨대, 9, 26, 102가 있습니다. 9는 '한 자리 수'이고, 26은 '두 자리 수'이며, 102는 '세 자리 수'입니다. 그러므로, 이 중 가장 큰 수는 102이고, 그다음은 26이고, 가장 작은 수는 9입니다. 이 수들을 묶음과 낱개로 살펴면 크기를 확인할 수 있습니다. 9는 '1+1+1+1+1+1+1+1+1'과 같은 크기의 수입니다. 26은 '10+10+1+1+1+1+1+1'과 같은 크기의 수입니다. 102는 '10+10+10+10+10+10+10+10+10+10+1+1'과 같은 크기의 수입니다.

이렇게, 수의 크기를 묶음과 낱개로 구분할 수 있으면 수의 크기를 '수의 자리'로 나타낼 수 있습니다. 예컨대, 835를 '수의 자리'로 나타내면 이렇습니다. 835에서 8은 '백의 자리' 숫자이며 800을 나타냅니다. 835에서 3은 '십의 자리' 숫자이며 30을 나타냅니다. 835에서 5는 '일의 자리' 숫자이며 5를 나타냅니다. 그러므로, 835는 800+30+5와 같습니다.

초등 2학년 수학 교과목의 단원별 핵심 지식을 산문으로 풀어 쓴 글입니다. 이 책에 담긴 그리 길지 않은 분량의 10편의 산문을 읽으면 초등 2학년 수학 교과서의 주요 내용을 이해할 수 있습니다. 서술형 지문 읽기는 문해력의 기초입니다.

나무 문해력 익히기

이 책의 '나무 문해력 익히기'는 다른 문해력 책들과 분명히 차별화한 기획입니다. '나무 문해력'은 글을 맥락으로 이해하는 방법입니다. 즉, '나무 문해력 익히기'는 독자가 글(지문)의 주요 내용을 나뭇가지 모양으로 그리며 글 전체를 구조화시켜 글의 짜임을 파악하는 인지 활동입니다. 이 활동을 익히면 어떤 글이든 전체적 뼈대를 이해하는 능력이 생깁니다.

문해력 테스트

이해하기
판단하기
사용하기
참여하기

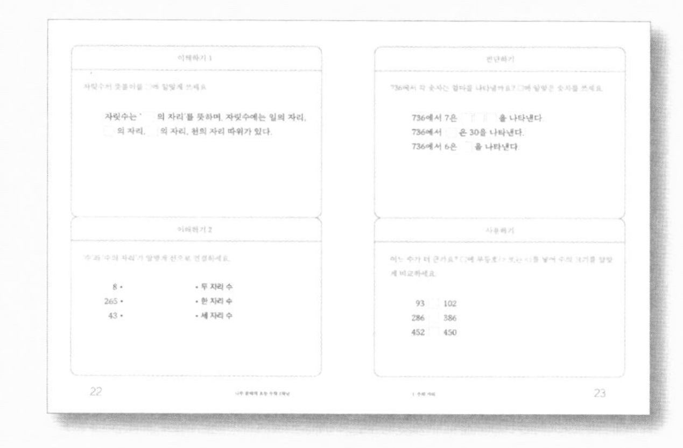

이해하기 1

자릿수는 '□의 자리'를 뜻하며, 자릿수에는 일의 자리, □의 자리, □의 자리, 천의 자리 따위가 있다.

이해하기 2

8 • • 두 자리 수
265 • • 한 자리 수
43 • • 세 자리 수

판단하기

736에서 7은 □을 나타낸다.
736에서 □은 30을 나타낸다.
736에서 6은 □을 나타낸다.

사용하기

93 □ 102
286 □ 386
452 □ 450

22

23

이 책에 수록된 10편의 지문에 대한 문해력 테스트 활동입니다. 독자가 글의 내용을 이해하는지, 글을 어떻게 판단하는지, 글을 변형한 질문에 어떻게 답하는지, 글의 주제를 확장한 서술형 질문에 어떻게 답변하는지를 각각 테스트합니다. 테스트는 장마다 '이해하기(1, 2), 판단하기, 사용하기, 참여하기' 부문으로 구성되어 있습니다.

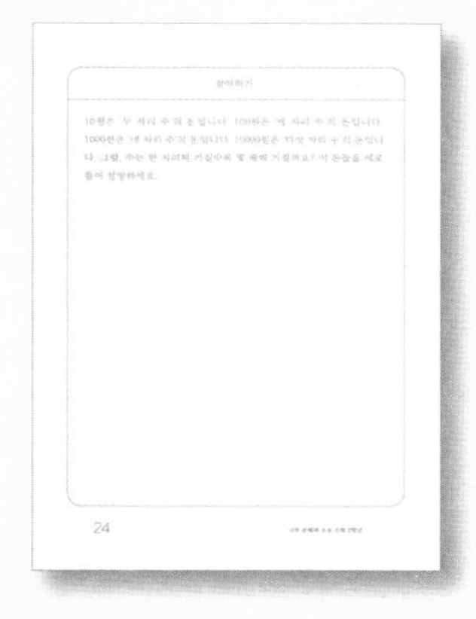

참여하기

24

해답

98

99

'정답'이 아닌 '해답'입니다. '이해하기, 판단하기, 사용하기'의 질문들에 대하여는 옳은 답을 분명히 밝혔지만, '참여하기'의 서술형 질문은 '적절한 답', 또는 '바람직한 답'을 써 놓았기 때문입니다. 이 책의 지은이는, '깊은' 문해력은 논리적 근거로써 활짝 열려 있다고 생각합니다.

차례

1

수의 자리

1학기
세 자리 수

5는 4보다 큰 수이고, 9는 8보다 큰 수입니다. 그리고 9보다 1 큰 수는 10입니다. 9는 '한 자리 수'입니다. '한 자리 수'는 '1, 2, 3, 4, 5, 6, 7, 8, 9'입니다. 이렇게 '한 자리 수'는 한 숫자로 이루어진 수입니다. 10은 '두 자리 수'입니다. '두 자리 수'는 10, 11, 12, 13, 14, …… 96, 97, 98, 99입니다. 이렇게 '두 자리 수'는 두 숫자로 이루어진 수입니다. 99보다 1 큰 수는 100입니다. 100은 '세 자리 수'입니다. '세 자리 수'는 100, 101, 102, 103, 104, …… 996, 997, 998, 999입니다. 이렇게 '세 자리 수'는 세 숫자로 이루어진 수입니다. 그리고 수의 크기는 '한 자리 수'보다 '두 자리 수'가 더 크고, '두 자리 수'보다 '세 자리 수'가 더 큽니다. 즉, 수의 크기는 '수의 자리'가 클수록 큽니다. '수의 자리'에는 '일의 자리', '십의 자리', '백의 자리', '천의 자리' 따위가 있습니다.

그래서 수의 크기를 비교할 때는 먼저 '수의 자리'를 보면 알 수 있습니다. 예컨대, 9, 26, 102가 있습니다. 9는 '한 자리 수'이고, 26은 '두 자리 수'이며, 102는 '세 자리 수'입니다. 그러므로, 이 중 가장 큰 수는 102이고, 그다음은 26이고, 가장 작은 수는 9입니다. 이 수들을 묶음과 낱개로 살피면 크기를 확인할 수 있습니다. 9는 '1+1+1+1+1+1+1+1+1'과 같은 크기의 수입니다. 26은 '10+10+1+1+1+1+1+1'과 같은 크기의 수입니다. 102는 '10+10+10+10+10+10+10+10+10+10+1+1'과 같은 크기의 수입니다.

이렇게, 수의 크기를 묶음과 낱개로 구분할 수 있으면 수의 크기를 '수의 자리'로 나타낼 수 있습니다. 예컨대, 853을 '수의 자리'로 나타내면 이렇습니다. 853에서 8은 '백의 자리' 숫자이며 800을 나타냅니다. 853에서 5는 '십의 자리' 숫자이며 50을 나타냅니다. 853에서 3은 '일의 자리' 숫자이며 3을 나타냅니다. 그러므로, 853은 800+50+3과 같습니다.

'수의 자리'가 같은 수끼리도 수의 크기를 비교할 수 있습니다. 예컨대, 762와 769는 '백의 자리'의 수입니다. 하지만, 762와 769는 수의 크기가 다릅니다. 두 수의 크기를 비교해 봅니다. 762와 769에서 7은 700을 나타내므로 '백의 자리'의 크기는 같습니다. 다음으로, 762와 769에서 6은 60을 나타내므로 '십의 자리'의 크기도 같습니다. 마지막으로, 762와 769에서 '일의 자리'인 2와 9를 비교하면 2보다 9가 7 큰 수입니다. 그러므로, 762보다 769가 더 큰 수입니다.

두 수의 크기를 '부등호'로 나타내면 쉽게 알 수 있습니다. 즉, 762와 769의 크기를 부등호로 나타내면 762 < 769입니다. 부등호는 '두 수의 크기를 나타내는 기호'입니다. 부등호 기호는 >와 <입니다. 이 기호에서, 벌어진 쪽에 있는 수가 크고, 뾰족한 쪽에 있는 수가 작습니다. 762 < 769에서 부등호(<)가 769 쪽으로 벌어져 있으므로 769가 762보다 더 크다는 것을 나타냅니다.

762 < 769

나무 문해력 익히기

□에 알맞은 말을 쓰세요.

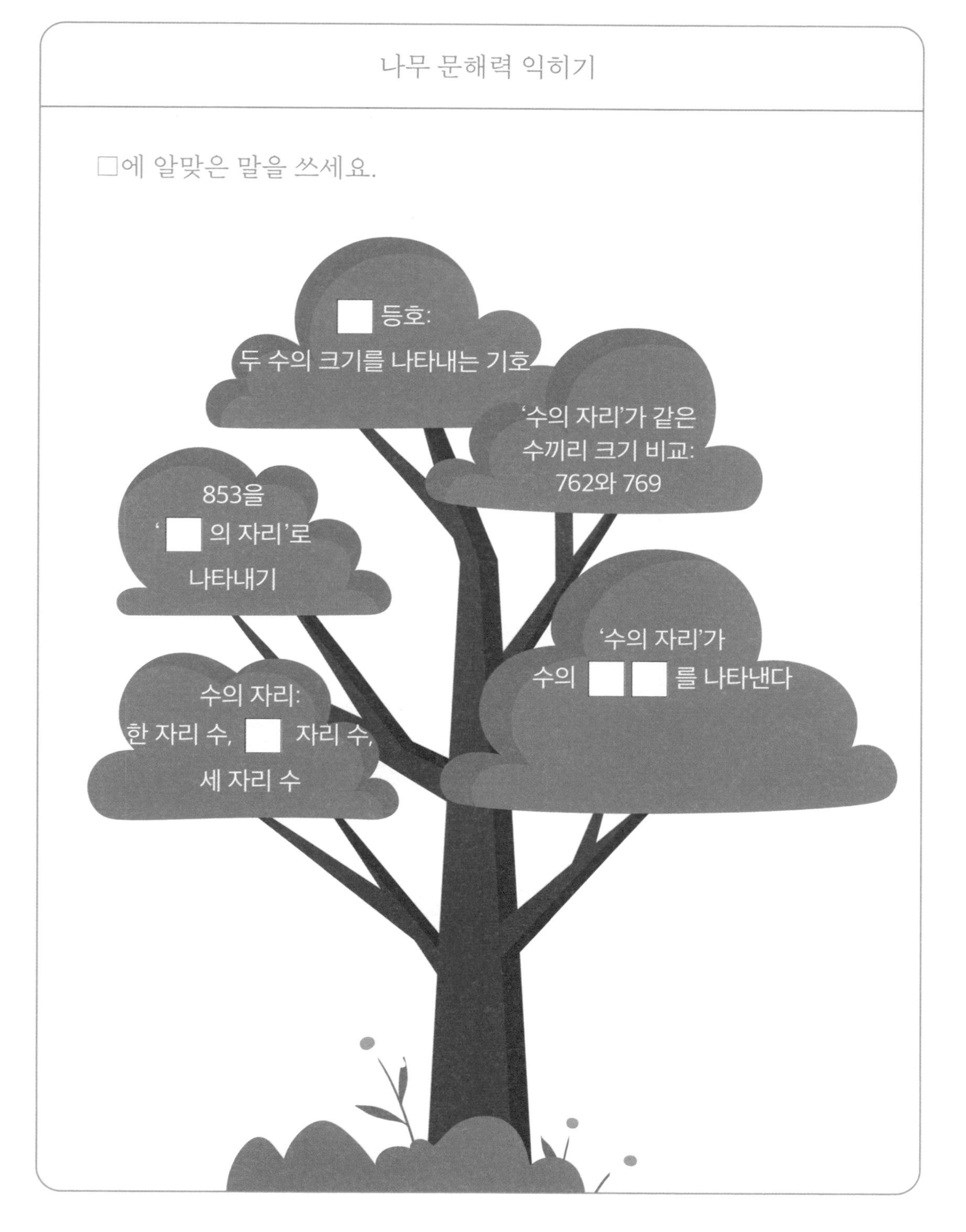

이해하기 1

자릿수의 뜻풀이를 □에 알맞게 쓰세요.

자릿수는 '□의 자리'를 뜻하며, 자릿수에는 일의 자리, □의 자리, □의 자리, 천의 자리 따위가 있다.

이해하기 2

'수'와 '수의 자리'가 알맞게 선으로 연결하세요.

8 •	• 두 자리 수
265 •	• 한 자리 수
43 •	• 세 자리 수

판단하기

736에서 각 숫자는 얼마를 나타낼까요? □에 알맞은 숫자를 쓰세요.

736에서 7은 □□□ 을 나타낸다.
736에서 □ 은 30을 나타낸다.
736에서 6은 □ 을 나타낸다.

사용하기

어느 수가 더 큰가요? □에 부등호(> 또는 <)를 넣어 수의 크기를 알맞게 비교하세요.

93 □ 102
286 □ 386
452 □ 450

참여하기

10원은 '두 자리 수'의 돈입니다. 100원은 '세 자리 수'의 돈입니다. 1000원은 '네 자리 수'의 돈입니다. 10000원은 '다섯 자리 수'의 돈입니다. 그럼, 수는 한 자리씩 커질수록 몇 배씩 커질까요? 이 돈들을 예로 들어 설명하세요.

2

변과 꼭짓점이 있는 도형

1학기
여러 가지 도형

도형 중에는 삼각형도 있고, 사각형도 있고, 오각형, 육각형도 있습니다. 삼각형은 세모난 모양이고, 사각형은 네모난 모양입니다. 오각형과 육각형은 삼각형과 사각형보다 모난 데가 더 많은 도형입니다. 이러한 삼각형, 사각형, 오각형, 육각형에는 공통점이 있습니다. 그것은 모두가 '곧은 선'으로 이루어진 도형이라는 것입니다. 이 말은 이 도형들에는 '굽은 선'이 없다는 뜻이기도 합니다. 이렇게 '곧은 선'으로만 이루어진 도형에는 '변'이 있습니다. '변'은 도형을 둘러싸고 있는 '곧은 선'입니다. '변'이 도형을 둘러싸고 있어서, 변의 개수가 도형의 모양이 됩니다. 삼각형에는 변이 3개 있습니다. 사각형에는 변이 4개 있습니다. 오각형에는 변이 5개 있고, 육각형에는 변이 6개 있습니다. 그러고 보면, '곧은 선'으로만 이루어진 도형에 있는 변의 개수는 도형의 이름에 나타나 있습니다. 그럼, 생각해 보세요. 팔각형에 있는 변의 개수는 몇 개일까요? 앞서 말한 대로, 팔각형에는 팔각형 이름대로 변이 8개 있습니다.

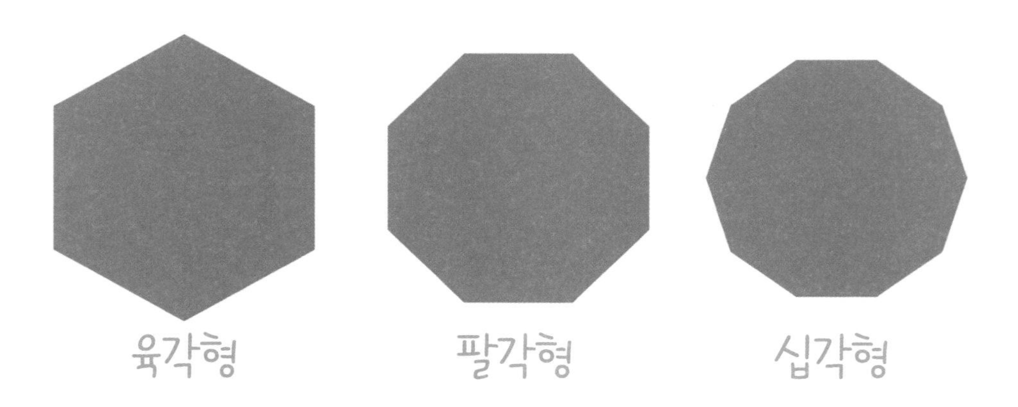

변이 있는 도형에는 꼭짓점도 있습니다. '꼭짓점'은 도형에 있는 변과 변끼리 만나는 점입니다. 변은 '곧은 선'이므로, '꼭짓점'은 도형에 있는 '곧은 선'과 '곧은 선'끼리 만나는 점이기도 합니다. '꼭짓점'이 변과 변끼리 만나는 점이어서, 꼭짓점의 개수가 도형의 모양을 이룹니다. 그러한 꼭짓점은 삼각형에는 3개 있고, 사각형에는 4개 있습니다. 마찬가지로, 오각형에는 5개 있고, 육각형에는 6개 있습니다. 그러고 보면, 도형에 있는 꼭짓점은 그 도형에 있는 변의 개수와 같습니다. 그럼, 이번에도 생각해 보세요. 십각형에 있는 꼭짓점의 개수는 몇 개일까요? 십각형에는 변이 10개 있으므로 꼭짓점도 10개 있습니다. 그러므로, 우리는 변과 꼭짓점의 개수로 어떤 도형인지 알 수 있습니다. 즉, 삼각형은 변과 꼭짓점이 3개씩 있는 도형이며, 사각형은 변과 꼭짓점이 4개씩 있는 도형입니다. 마찬가지로, 오각형은 변과 꼭짓점이 5개씩 있는 도형이며, 육각형은 변과 꼭짓점이 6개씩 있는 도형입니다.

삼각형과 사각형은 어떤 물건에서 볼 수 있을까요? 우리가 종이 접기를 할 때 요리조리 종이를 반듯하게 접으면 그때마다 여러 모양의 삼각형과 사각형이 생겨납니다. 또 칠교판에는 삼각형 조각 5개와 사각형 조각 2개가 들어 있습니다. 우리는 칠교판의 삼각형, 사각형 조각들로 크리스마스트리 모양도 만들고, 집 모양도 만들고, 고양이 모양도 만듭니다. 그러고 보면, 삼각형과 사각형은 여러 가지로 쓸모 있는 도형입니다.

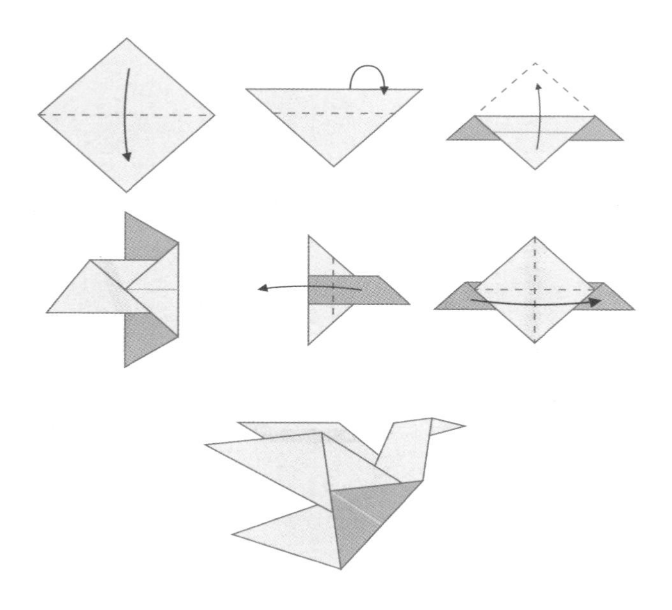

나무 문해력 익히기

□에 알맞은 말을 쓰세요.

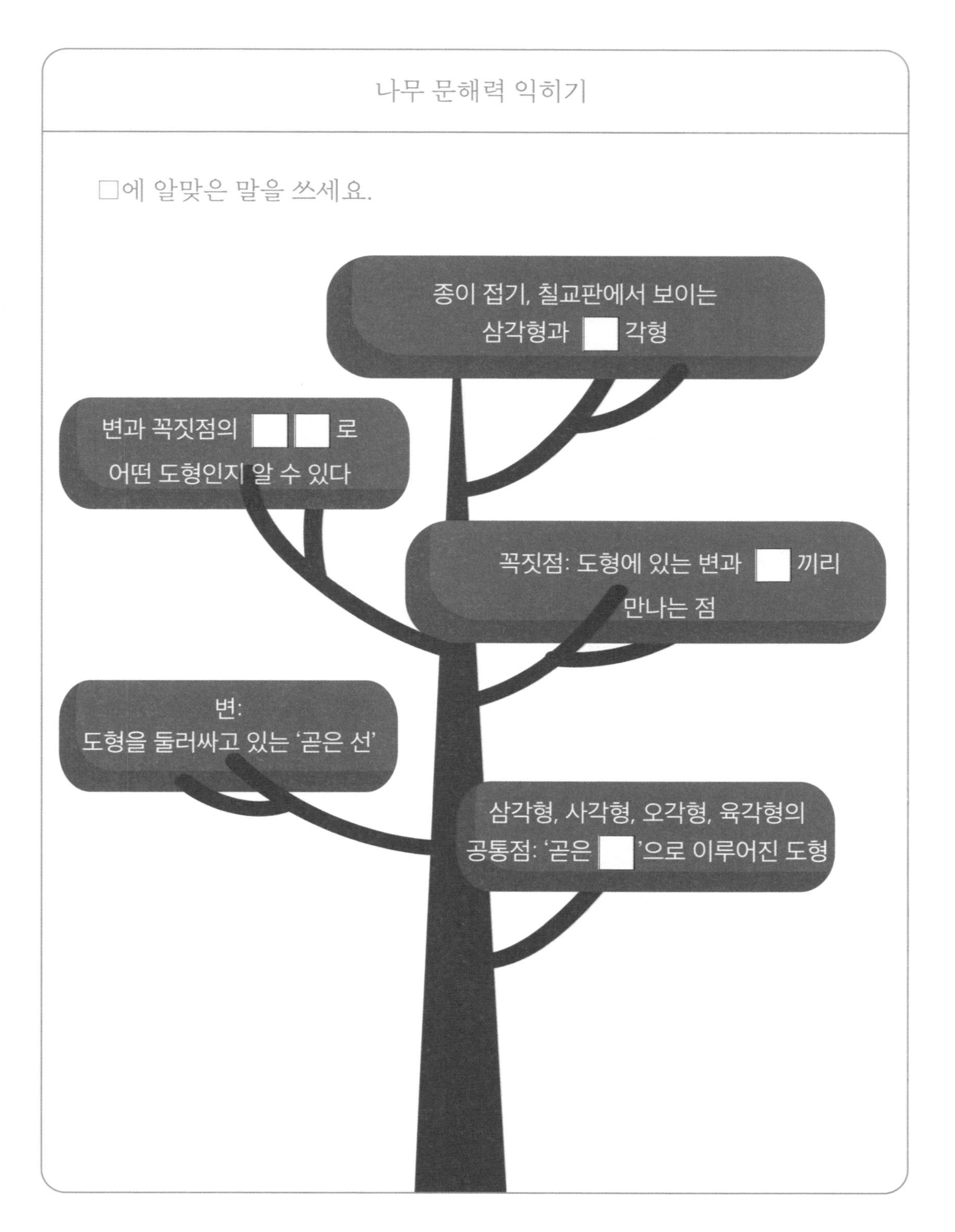

이해하기 1

도형에 대한 설명입니다. □에 알맞은 낱말을 쓰세요.

'곧은 선'으로 이루어진 도형에는 변과 □□□이 있다.

이해하기 2

삼각형에는 '변'과 '꼭짓점'이 몇 개 있을까요? □에 그 개수를 쓰세요.

변의 개수: □개

꼭짓점의 개수: □개

판단하기

도형 중에는 동그라미 모양도 있습니다. 동그라미 도형에는 변과 꼭짓점이 몇 개 있을까요? □에 그 개수를 알맞게 쓰세요.

변의 개수: □ 개
꼭짓점의 개수: □ 개

사용하기

보기의 그림은 어떤 도형으로 이루어져 있을까요? 알맞은 도형 이름에 밑줄 치세요.

삼각형　사각형　오각형　육각형　팔각형

참여하기

보기의 그림에서 사각형인 도형을 모두 찾아 동그라미 치세요. 그리고 그 도형을 사각형이라고 생각한 이유도 쓰세요.

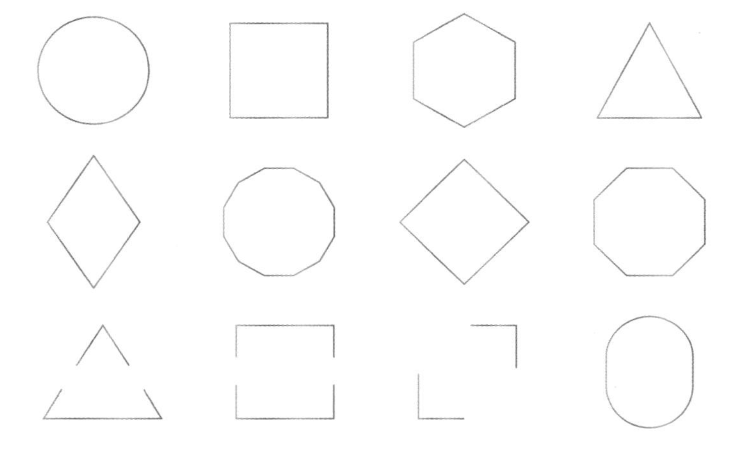

3

길이를 재는 기준

1학기
길이 재기

연필의 길이는 얼마일까요? 한 뼘쯤 된다고 대답할 수도 있겠습니다. 책상의 길이는 얼마일까요? 양팔 길이쯤 된다고 대답할 수도 있겠습니다. 그런데 대답하는 사람에게 '자'가 있다면, 그래서 자로 잰 길이를 말한다면 더 정확하게 대답할 수 있습니다. 한 뼘과 양팔 길이는 사람마다 달라서 정확한 대답이라고는 말할 수 없기 때문입니다. 그러므로 자는 누가 재든 길이를 똑같이 잴 수 있는 매우 쓸모 있는 도구입니다.

하지만 옛날에는 오늘날처럼 전 세계에서 공통으로 사용하는 '자'가 없었습니다. 그래도 길이를 재어야 하는 일은 많았습니다. 옷과 신발과 가구를 만들 때도 길이를 재어야 했고, 집과 울타리와 다리를 지을 때도 길이를 재어야 했습니다. 그럼, 옛날에는

무엇으로 길이를 쟀을까요? 길이를 재는 기준이 무엇이었을까요? 옛날에도 길이를 재는 기준이 있었습니다. 오천 년 전에 이집트에서 길이를 재는 기준은 '큐빗'(cubit)이었습니다. 큐빗은 '팔꿈치에서 손끝까지'의 길이입니다. 그때 이집트 사람들은 큐빗을 기준으로 바위를 잘라 피라미드를 지었습니다. 영국에서 길이를 재는 기준은 '인치'(inch)와 '피트'(feet)였습니다. 그중 인치는 '엄지손가락의 너비'의 길이였고, 피트는 '발뒤꿈치에서 엄지발가락까지'의 길이였습니다. '야드'(yard)도 있었습니다. 야드는 '팔을 뻗었을 때 코끝에서 엄지손가락까지'의 길이였습니다. 우리나라와 중국에서 길이를 재는 기준은 '척'(尺)이었습니다. 척은 '자'라고도 불렸는데, 그 길이는 '손 한 뼘'만큼이었습니다.

이렇게 옛날에는 사람 몸을 길이를 재는 기준으로 삼았습니다. 왜 그랬을까요? 손, 팔, 발은 언제든 사용할 수 있습니다. 그런데 손, 팔, 발을 기준으로 길이를 재면 편리하기는 하지만 문제가 생깁니다. 사람마다 손, 팔, 발의 크기가 다르기 때문에 길이를 잰 결과가 다르다는 것이 문제점입니다. 책상의 길이를 손으로 잰 어떤 사람은 여섯 뼘이라고 말하고, 다른 사람은 일곱 뼘이라고 말하는 문제가 생기는 것입니다.

이런 문제점과 불편을 없애려고 약 200년 전에 여러 나라의 과학자들이 모여 의논했습니다. 그러고는 언제, 어디에서, 누가 재더라도 똑같은 길이를 나타내는 기준을 정했습니다. 전 세계 공통으로 사용할 길이의 기준을 정한 것입니다. 그중 하나가 센티미터(cm)입니다. 센티미터(cm)는 읽을 때는 '센티미터'라고 읽고, 쓸 때는 'cm'라고 씁니다. 1cm의 길이는 얼마일까요? 30cm까지 잴 수 있는 플라스틱 자에는 1부터 30까지의 숫자가 큰 눈금마다 쓰여 있습니다. 그 한 칸의 길이가 1cm입니다. 그래서 오늘날 우리는 센티미터(cm) 자로 여러 물건의 길이를 편하게 잴 수 있습니다.

나무 문해력 익히기

□에 알맞은 말을 쓰세요.

이해하기 1

낱말과 '길이를 재는 기준'을 선으로 연결하세요.

큐빗 •	• '팔을 뻗었을 때 코끝에서 엄지손가락까지'의 길이
인치 •	• '팔꿈치에서 손끝까지'의 길이
척(자) •	• '엄지손가락의 너비'의 길이
야드 •	• '발뒤꿈치에서 엄지발가락까지'의 길이
피트 •	• '손 한 뼘'의 길이

이해하기 2

오늘날 우리나라에서 공통으로 사용하는 길이의 기준인 낱말에 밑줄 치세요.

자

피트(feet)

센티미터(cm)

큐빗(cubit)

척(尺)

판단하기

옛날에는 사람의 '손, 팔, 발'을 길이를 재는 기준으로 삼았습니다. 그 경우에 생기는 문제점은 무엇일까요? 그 문제점을 적절히 설명한 문장에 밑줄 치세요.

옛날에는 공통으로 사용하는 나무 자나 줄자가 없었다는 것
사람마다 손, 팔, 발의 크기가 달라 길이를 잰 결과도 다르다는 것
옛날에는 길이를 잰 결과를 숫자로 대답할 수 없었다는 것
손, 팔, 발은 항상 몸에 지닐 수 있었다는 것

사용하기

30cm 자로 필통의 길이를 쟀습니다. 필통 길이를 잰 자의 큰 눈금이 숫자 24를 가리켰습니다. 이 필통의 길이를 나타낸 알맞은 숫자를 □에 쓰세요.

□ cm

참여하기

사람들이 주로 사용하는 자는 딱딱한 30cm 자와 휘어지는 줄자입니다. 딱딱한 30cm 자와 휘어지는 줄자는 각각 무엇의 길이를 재는 데 주로 사용할까요? 두 자의 좋은 점과 불편한 점을 예를 들어서 답변하세요.

4

분류하는 기준

1학기
분류하기

대형 마트에서 장을 보았습니다. 상품들을 카트(cart)에 담은 순서는 '라면 → 생수→ 우유 → 치즈 → 삼겹살 → 달걀 → 상추 → 딸기 → 바나나 → 샴푸 → 치약 → 양말 → 잠옷 → 줄넘기 → 복사지'였습니다. 왜 이 순서로 장을 보았을까요? 서로 가까이 있는 상품들을 샀기 때문입니다. 라면과 생수는 매장 입구 쪽에 있었고, 우유와 치즈는 냉장 판매대에 있었고, 삼겹살, 달걀은 축산품 판매대에 있었습니다. 상추, 딸기, 바나나는 농산품 판매대에 있었고, 샴푸, 치약은 욕실 용품 판매대에 있었습니다. 양말과 잠옷은 2층 의류 코너에서 판매했고, 줄넘기와 복사지 역시 3층의 운동용품 및 문구류 판매대에서 찾을 수 있었습니다.

이렇게, 같은 성질을 가진 것끼리 구별 짓는 활동을 '분류하기'라고 합니다. 그런데 '같은 성질을 가진 것'을 구별 짓는 기준은 딱 하나만 있는 것은 아닙니다. 다시 말하면, 무엇을 어떤 성질로 구별하느냐에 따라 분류하는 기준이 달라집니다. 예를 들겠습니다. 책상에 '책, 주사위, 색종이'가 있습니다. 이 세 가지 물건은 '책–색종이', 그리고 '주사위–색종이'로 분류할 수 있습니다. '책–색종이'로 묶은 기준은 이 둘의 성질이 '종이로 된 물건'이라는 것입니다. 반면에, '주사위–색종이'로 묶은 기준은 이 둘의 성질이 '놀이하는 물건'이라는 것입니다.

대형 마트 직원들도 '같은 성질을 가진 상품끼리' 분류해 놓았습니다. '라면–생수'를 매장 입구에 쌓아 놓은 까닭이 있습니다. 즉, 라면과 생수는 대형 마트에 온 사람들이 가장 많이 찾는 상품인 것입니다. 그래서 '라면–생수'를 눈에 잘 띄는 곳에 둔 것입니다. '우유–치즈'도 사람들이 머릿속에서 같이 떠올리는 상품입니다. 그 기준에 따라 같은 냉장 판매대에 진열해 놓은 것입니다. 그럼, '샴푸와 치약'은 어떤 같은 성질을 가진 상품이기에 같은 판매대에 진열해 둔 것일까요? 샴푸는 머리를 감는 물건이고, 치약은 이를 닦는 데 쓰는 물건입니다. 이들의 공통점은 '욕실 용품'인 것입니다. 그래서 샴푸와 치약도 사람들이 머릿속에서 같이 떠올리는 상품입니다.

잘 분류하려면 '구별하는 기준'을 잘 정해야 합니다. 그러려면 같은 성질이 무엇인지를 알아차려야 합니다. 그런데, 같은 성질의 공통점을 구별하는 일은 서로 다른 성질의 차이점을 구별하는 일이기도 합니다. 예컨대, 과일과 채소는 둘 다 신선 식품이라는 공통점이 있지만, 서로 다른 차이점도 있습니다. 그래서 과일은 과일 판매대에 진열하고, 채소는 채소 판매대에 진열합니다. 과일과 채소는 서로 어떻게 다를까요? 과일은 나무에서 자라는 맛있는 열매입니다. 반면에 채소는 사람이 먹을 수 있는 식물의 줄기, 잎, 뿌리입니다. 그래서 열매를 먹는 채소인 토마토, 가지, 오이를 따로 분류하여 '과채'라고 부릅니다. 과채는 과일의 성질도 있는 채소이며, 이는 공통점과 차이점을 구별하는 분류인 것입니다.

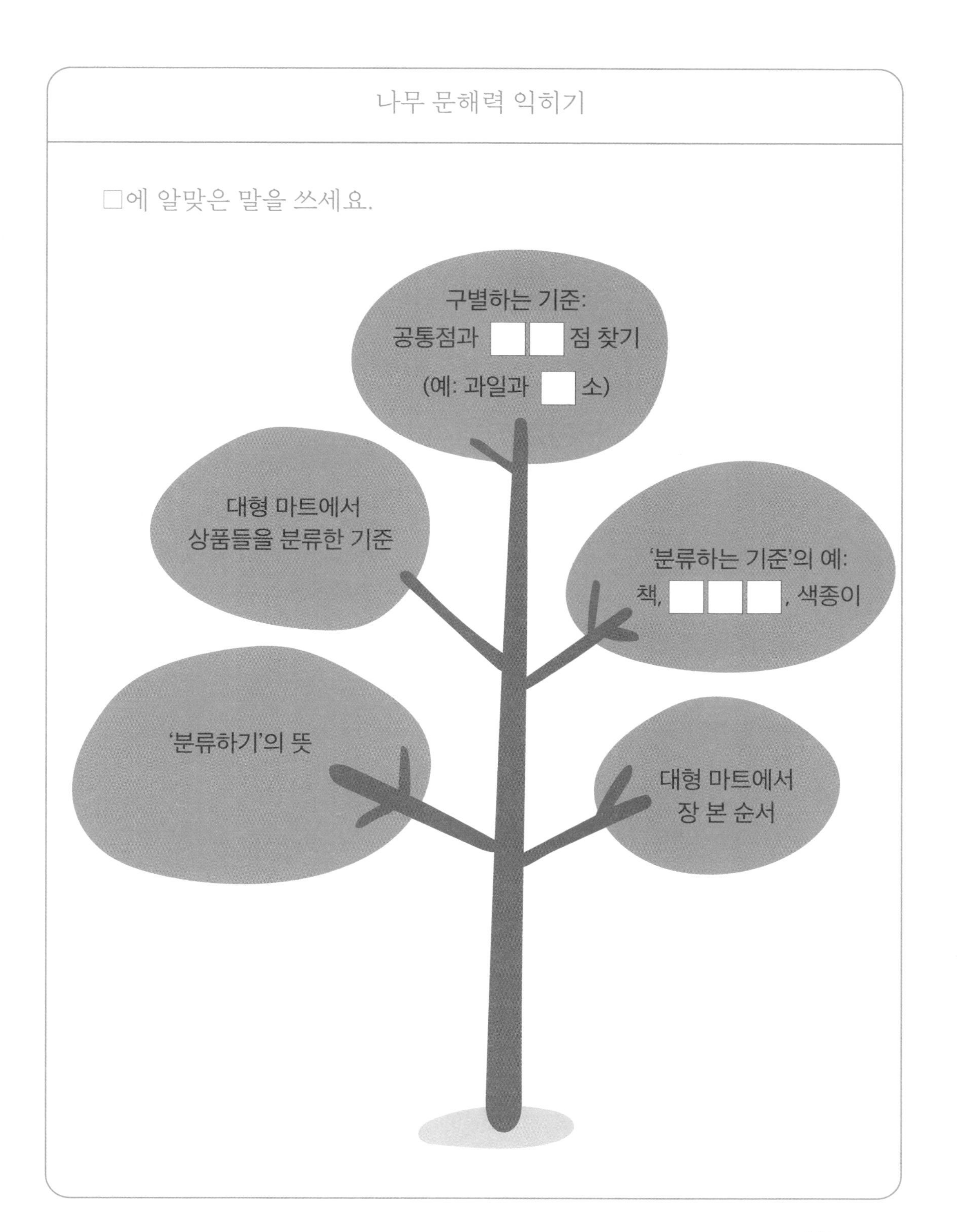
나무 문해력 익히기
□에 알맞은 말을 쓰세요.
구별하는 기준:
공통점과 □□점 찾기
(예: 과일과 □소)
대형 마트에서
상품들을 분류한 기준
'분류하는 기준'의 예:
책, □□□, 색종이
'분류하기'의 뜻
대형 마트에서
장 본 순서

이해하기 1

'분류하기'의 뜻풀이입니다. □에 알맞은 낱말을 쓰세요.

'분류하기'는 같은 □□을 가진 것끼리 구별 짓는 활동이다.

이해하기 2

앞의 글에서 '라면과 생수'를 매장 입구에 쌓아 둔 이유가 드러나 있습니다. 그 까닭에 밑줄 치세요.

같은 종류의 상품이므로 매장 입구에 두었다.
생활품이므로 매장 입구에 두었다.
사람들이 가장 많이 찾는 상품이므로 매장 입구에 두었다.
공통점과 차이점이 있는 상품이므로 매장 입구에 두었다.

판단하기

상품과 판매대의 관계가 알맞게 선으로 연결하세요.

우유 •	• 농산물 판매대
딸기 •	• 냉장 판매대
샴푸 •	• 욕실 용품 판매대
잠옷 •	• 문구류 판매대
연필 •	• 의류 판매대

사용하기

보기의 낱말들을 과일과 채소로 분류하여 아래 칸에 쓰세요.

사과, 상추, 귤, 배추, 포도, 깻잎, 당근, 감, 파, 배, 밤

과일:

채소:

참여하기

'바위, 수돗물, 공기, 얼음, 우유, 바람'이 있습니다. 이것들을 어떤 기준에 따라 분류하세요. 그리고 분류한 기준이 무엇인지 쓰세요.

5

묶어 세는 셈법

1학기
곱셈

덧셈은 두 수, 또는 두 수보다 많은 수를 합하여 계산하는 셈법입니다. 곱셈은 두 수, 또는 두 수보다 많은 수를 곱하여 계산하는 셈법입니다. 그래서 덧셈과 곱셈은 두 수, 또는 두 수보다 많은 수가 모두 얼마큼 있는지를 알아내기 위한 셈법입니다. 그러면 덧셈이 있는데, 왜 곱셈도 있을까요? 곱셈은 '어떤 경우'에는 덧셈보다 훨씬 빨리 계산할 수 있는 장점이 있으므로 매우 쓸모 있는 셈법입니다. 이때, '어떤 경우'는 그야말로 어떤 경우일까요? 그것은 '묶어 셀 수 있는 경우'입니다. 예컨대, 콩알 50개가 여기저기 흩어져 있을 때는 곱셈을 할 수 없습니다. 그 경우에는 콩알을 하나씩 합하여 그 개수를 알아낼 수 있습니다. 하지만, 그 콩알들을 몇 개씩 묶어 놓으면 곱셈을 할 수 있습니다. 예컨대, 흩어진 콩알 50개를 10개씩 묶어 다섯 묶음을 만들면 그때는 곱셈을 할 수 있습니다.

낱개로 흩어진 초콜릿

콩알 10개씩이 다섯 묶음 있다는 것은 10+10+10+10+10과 같은 뜻입니다. 이것이 덧셈입니다. 그런데 10+10+10+10+10은 10×5와 같습니다. 이것이 곱셈입니다. 그래서 10×5는 '10개씩이 다섯 묶음 있다'는 뜻입니다. 그러므로 이 두 셈법을 덧셈식은 '10+10+10+10+10=50'이라고 나타내고, 곱셈식은 '10×5=50'이라고 나타냅니다. 그리고 '10×5=50'은 읽을 때는 '10 곱하기 5는 50과 같습니다'라고 읽습니다. 또는 '10과 5의 곱은 50입니다'라고도 표현합니다. 이 표현에서 쓰는 '곱'이라는 낱말은 순우리말입니다. 그 뜻은 '어떤 수를 두 번 합한 결과'입니다. 그러므로 '10×5=50'은 '10을 다섯 번 합한 결과는 50입니다'와 같습니다.

묶어 셀 수 있는 초콜릿

'배'는 '곱'과 같은 뜻으로 사용하는 낱말입니다. 배는 '어떤 수가 그 수만큼 거듭됨'을 뜻합니다. 그래서 배는 '~의 ~배는 몇입니다'라고 표현됩니다. 예컨대, '2의 4배는 8입니다', 또는 '3의 5배는 15입니다'라고 표현합니다. 이 말을 '곱'이라는 낱말을 사용하여 같은 뜻으로 표현하면 '2와 4의 곱은 8입니다', '3과 5의 곱은 15입니다'입니다. 그리고 앞서 알아보았듯이, 이 표현을 '곱하기'를 사용하여 읽으면 '2 곱하기 4는 8과 같습니다', '3 곱하기 5는 15와 같습니다'입니다. 또한, 이 말을 곱셈식으로 나타내면 '2×4=8' 그리고 '3×5=15'입니다. 이렇게 곱셈은 '배, 곱, 곱하기, 곱셈식' 등으로 표현되는 셈법입니다.

그런데 곱셈에서 꼭 기억해야 할 두 수가 있습니다. 하나는 1이고, 다른 하나는 0입니다. 어떤 수에 1을 곱하면 그 결과는 그 수 자체입니다. 예컨대, 5×1=5입니다. 이는 '5 묶음이 하나 있다'는 뜻이기 때문입니다. 그리고 어떤 수이든 그 수에 0을 곱하면 그 결과는 항상 0입니다. 예컨대, 5×0=0입니다. 이는 '5 묶음이 하나도 없다'라는 뜻이기 때문입니다. 마찬가지로, 100×0=0입니다. 이는 '100 묶음이 하나도 없다'라는 뜻이기 때문입니다. 묶음의 수가 아무리 큰 수라고 해도 하나도 없으면 결국 0인 것입니다. 수학은 재밌습니다.

나무 문해력 익히기

□에 알맞은 말을 쓰세요.

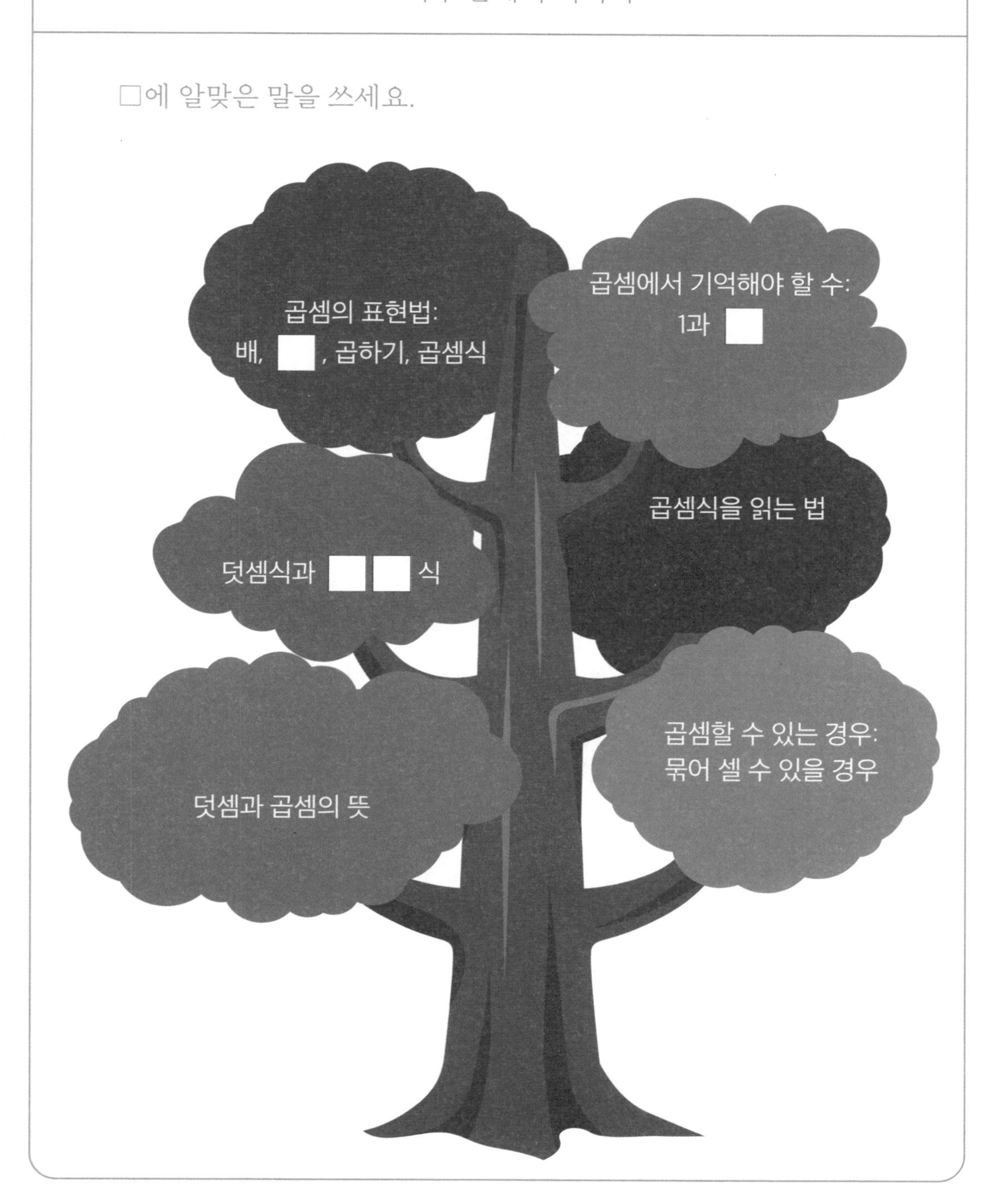

이해하기 1

앞의 글에서 풀이한 '덧셈'과 '곱셈'의 뜻을 □에 알맞게 쓰세요.

덧셈은 두 수, 또는 두 수보다 많은 수를 □ 하여 계산하는 셈법이며,
곱셈은 두 수, 또는 두 수보다 많은 수를 □ 하여 계산하는 셈법이다.

이해하기 2

10+10+10+10+10을 □에 알맞게 곱셈으로 나타내세요.

10× □

판단하기

7×5=35와 같은 뜻이 아닌 표현에 밑줄 치세요.

7 곱하기 5는 35와 같습니다

7+7+7+7+7=35

7의 5배는 35입니다

7과 5의 배는 35입니다

사용하기

아래의 두 덧셈을 □에 알맞게 곱셈식으로 바꾸어 쓰세요.

8+8+8+8+8+8=

□ × □ = □

7+7+7+7+7+7+7+7+7=

□ × □ = □

참여하기

어떤 수에 10을 곱하면 그 결과는 그 어떤 수의 몇 배가 될까요? 예를 들어서 대답하세요.

곱셈구구의 규칙

2학기
곱셈구구

1
1 x 1 = 1
2 x 1 = 2
3 x 1 = 3
4 x 1 = 4
5 x 1 = 5
6 x 1 = 6
7 x 1 = 7
8 x 1 = 8
9 x 1 = 9
10 x 1 = 10
11 x 1 = 11
12 x 1 = 12
2
1 x 2 = 2
2 x 2 = 4
3 x 2 = 6
4 x 2 = 8
5 x 2 = 10
6 x 2 = 12
7 x 2 = 14
8 x 2 = 16
9 x 2 = 18
10 x 2 = 20
11 x 2 = 22
12 x 2 = 24
3
1 x 3 = 3
2 x 3 = 6
3 x 3 = 9
4 x 3 = 12
5 x 3 = 15
6 x 3 = 18
7 x 3 = 21
8 x 3 = 24
9 x 3 = 27
10 x 3 = 30
11 x 3 = 33
12 x 3 = 36
4
1 x 4 = 4
2 x 4 = 8
3 x 4 = 12
4 x 4 = 16
5 x 4 = 20
6 x 4 = 24
7 x 4 = 28
8 x 4 = 32
9 x 4 = 36
10 x 4 = 40
11 x 4 = 44
12 x 4 = 48
7
1 x 7 = 7
2 x 7 = 14
3 x 7 = 21
4 x 7 = 28
5 x 7 = 35
6 x 7 = 42
7 x 7 = 49
8 x 7 = 56
9 x 7 = 63
10 x 7 = 70
11 x 7 = 77
12 x 7 = 84
8
1 x 8 = 8
2 x 8 = 16
3 x 8 = 24
4 x 8 = 32
5 x 8 = 40
6 x 8 = 48
7 x 8 = 56
8 x 8 = 64
9 x 8 = 72
10 x 8 = 80
11 x 8 = 88
12 x 8 = 96
5
1 x 5 = 5
2 x 5 = 10
3 x 5 = 15
4 x 5 = 20
5 x 5 = 25
6 x 5 = 30
7 x 5 = 35
8 x 5 = 40
9 x 5 = 45
10 x 5 = 50
11 x 5 = 55
12 x 5 = 60
6
1 x 6 = 6
2 x 6 = 12
3 x 6 = 18
4 x 6 = 24
5 x 6 = 30
6 x 6 = 36
7 x 6 = 42
8 x 6 = 48
9 x 6 = 54
10 x 6 = 60
11 x 6 = 66
12 x 6 = 72
9
1 x 9 = 9
2 x 9 = 18
3 x 9 = 27
4 x 9 = 36
5 x 9 = 45
6 x 9 = 54
7 x 9 = 63
8 x 9 = 72
9 x 9 = 81
10 x 9 = 90
11 x 9 = 99
12 x 9 = 108
10
1 x 10 = 10
2 x 10 = 20
3 x 10 = 30
4 x 10 = 40
5 x 10 = 50
6 x 10 = 60
7 x 10 = 70
8 x 10 = 80
9 x 10 = 90
10 x 10 = 100
11 x 10 = 110
12 x 10 = 120
11
1 x 11 = 11
2 x 11 = 22
3 x 11 = 33
4 x 11 = 44
5 x 11 = 55
6 x 11 = 66
7 x 11 = 77
8 x 11 = 88
9 x 11 = 99
10 x 11 = 110
11 x 11 = 121
12 x 11 = 132
12
1 x 12 = 12
2 x 12 = 24
3 x 12 = 36
4 x 12 = 48
5 x 12 = 60
6 x 12 = 72
7 x 12 = 84
8 x 12 = 96
9 x 12 = 108
10 x 12 = 120
11 x 12 = 132
12 x 12 = 144

곱셈구구는 흔히 '구구단'이라고 일컫는 곱셈입니다. 그런데 곱셈구구는 곱셈하는 수의 범위가 한 자리 수로 정해져 있습니다. 즉, 곱셈구구는 1에서 9까지의 각 수를 두 수끼리 서로 곱하여 그 값을 나타내는 곱셈입니다. 그래서 곱셈구구는 1, 2, 3, 4, 5, 6, 7, 8, 9를 서로 곱하는 곱셈입니다. 그러한 곱셈구구는 1부터 9까지의 아홉 '단'이 있습니다. 먼저 '1의 단'의 곱셈에는 1×1, 1×2, 1×3, 1×4, 1×5, 1×6, 1×7, 1×8, 1×9가 있습니다. '1의 단'의 곱셈 값은 1에서 시작하여 1씩 커집니다. 즉, '1의 단'은 1×1=1, 1×2=2, 1×3=3, 1×4=4, 1×5=5, 1×6=6, 1×7=7, 1×8=8, 1×9=9입니다. '2의 단'의 곱셈 값은 2에서 시작하여 2씩 커집니다. 즉, '2의 단'은 2×1=2, 2×2=4, 2×3=6, 2×4=8, 2×5=10, 2×6=12, 2×7=14, 2×8=16, 2×9=18입니다. 마찬가지로, '3의 단'의 곱셈 값은 3에서 시작하여 3씩 커지며, '4의 단'의 곱셈 값은 4에서 시작하여 4씩 커집니다.

그러므로 곱셈구구에는 규칙이 있습니다. 그것은 '■의 단'의 곱셈 값은 ■만큼씩 커진다는 규칙입니다. 그래서 '5의 단'의 곱셈 값은 5에서 시작하여 5씩 커지며, '6의 단'의 곱셈 값은 6에서 시작하여 6씩 커집니다. '7의 단'의 곱셈 값은 7에서 시작하여 7씩 커지며, '8의 단'의 곱셈 값은 8에서 시작하여 8씩 커집니다. 마찬가지로, '9의 단'의 곱셈 값은 9에서 시작하여 9씩 커집니다. 9×1=9, 9×2=18, 9×3=27, 9×4=36, 9×5=45, 9×6=54, 9×7=63, 9×8=72, 9×9=81, 이렇게 말입니다. 그래서 이 규칙을 이해하고 있으면 곱셈구구를 외우기가 쉽습니다. 각 단의 곱셈 값은 서로 맞물려 있기 때문입니다. 예컨대, '9의 단'의 곱셈 값들은 '1의 단'부터 '8의 단'의 맨 끝의 곱셈 값과 같습니다. 다시 말하면, 9×1은 1×9와 같으며, 9×2는 2×9와 같습니다. 마찬가지로, 9×3은 3×9와 같으며, 9×4는 4×9와 같습니다.

이러한 곱셈구구는 어떤 쓸모가 있을까요? 곱셈구구는 10보다 작은 수끼리 묶여 있는 개수를 셀 때 쉽고 빠르게 계산할 수 있습니다. 예를 들면, 계란 한 판에는 계란이 30개 놓여 있습니다. 가로 줄에 5개씩, 세로 줄에 6개씩 놓여 있습니다. 그래서 계란 한 판에 놓인 계란 개수를 셀 때는 곱셈구구로 계산하면 쉽고 빠르게 알 수 있습니다. 그 곱셈 값은 5×6=30, 또는 6×5=30이기 때문입니다. 이때, 5×6=30은 '5의 단'에 있는 곱셈 값이고, 6×5=30은 '6의 단'에 있는 곱셈 값입니다. 그러므로, 곱셈구구는 '2의 단'부터 '9의 단'까지 달달 외워 두면 매번 따로 계산하지 않아도 금세 곱셈 값을 알아차릴 수 있습니다. 그것이 곱셈구구의 큰 쓸모입니다.

나무 문해력 익히기

□에 알맞은 말을 쓰세요.

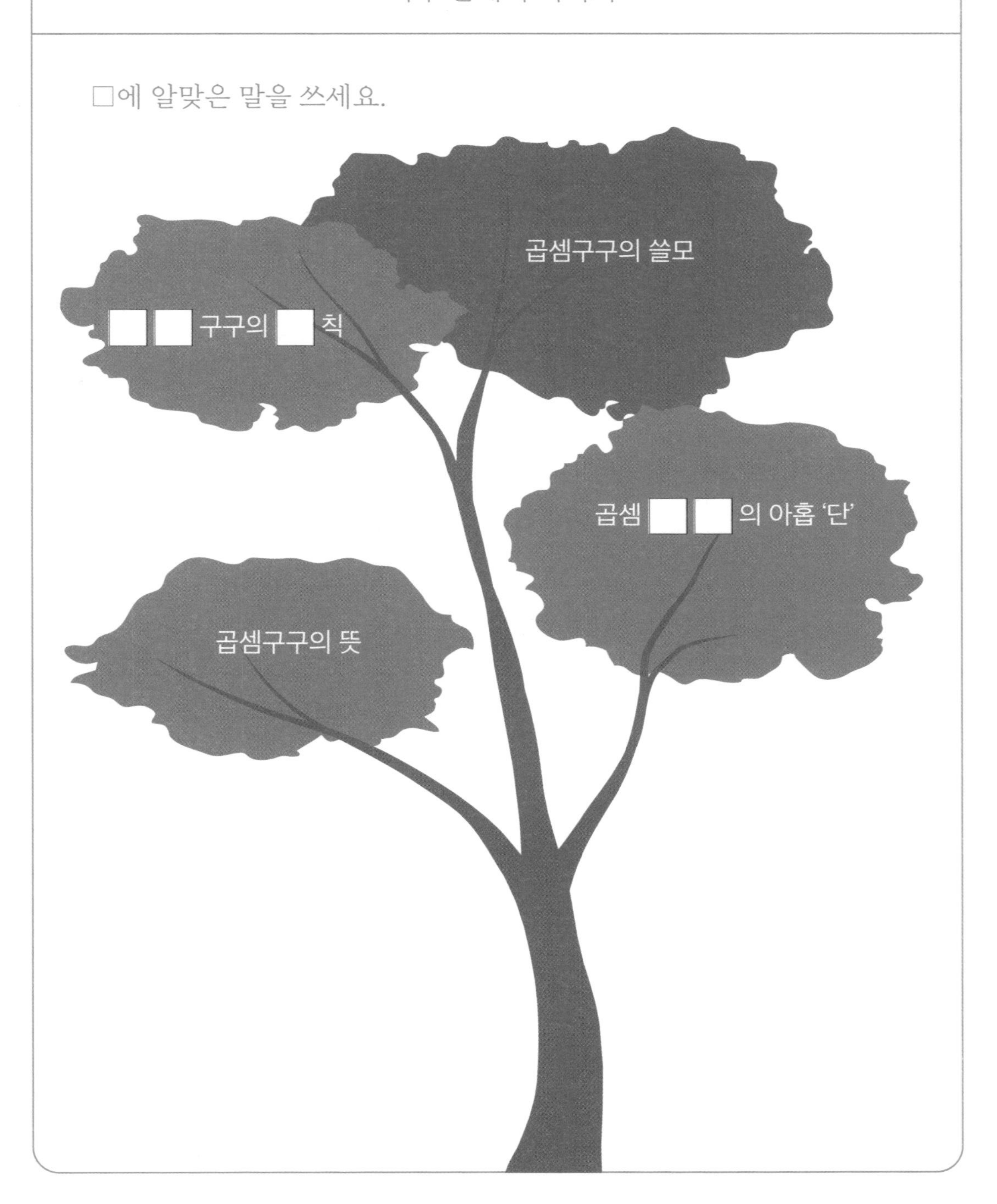

이해하기 1

'곱셈구구'의 뜻풀이입니다. □에 알맞은 낱말을 쓰세요.

곱셈구구는 □ 에서 9까지의 각 수를 두 수끼리 서로 □하여 그 값을 나타내는 곱셈이다.

이해하기 2

'9의 단'을 □에 알맞게 쓰세요.

$9\times1=9$, $9\times6=\square$, $9\times2=18$, $9\times\square=36$, $9\times\square=72$,
$9\times\square=63$, $9\times\square=45$, $9\times3=\square$, $9\times9=81$

판단하기

곱셈구구의 규칙에 대한 설명으로 알맞지 않은 문장에 밑줄 치세요.

2×1, 2×2, 2×3, 2×4, 2×5, 2×6, 2×7, 2×8, 2×9는 2의 단이다.
'★의 단'의 곱셈 값은 ★만큼씩 커진다.
3의 단의 곱셈 값은 3에서 시작하여 3씩 커진다.
5의 단의 곱셈 값은 5에서 시작하여 5씩 커진다.

사용하기

사과 상자에 사과 여러 개가 놓여 있습니다. 가로 줄에 4개씩, 세로 줄에 3개씩 놓여 있습니다. 이 상자에 있는 사과는 모두 몇 개일까요? 곱셈구구로 계산하여 그 곱셈 값을 곱셈식으로 쓰세요.

$\square \times \square = \square$
또는
$\square \times \square = \square$

참여하기

우리는 곱셈구구를 '2의 단'부터 '9의 단'까지 외웁니다. 그런데 잘 외워지는 단도 있고, 잘 안 외워지는 단도 있습니다. 어떤 단이 잘 외워지고, 어떤 단이 잘 안 외워질까요? 그리고 그 까닭은 무엇일까요?

7

센티미터(cm)와 미터(m)

2학기

길이 재기

센티미터(cm)와 미터(m)는 오늘날 전 세계 사람들이 공통으로 사용하는 '길이 단위*'입니다. 그래서 사람들은 센티미터(cm)나 미터(m)의 눈금이 그어진 여러 길이의 자를 만들어 사물들의 길이를 잽니다. 흔히 사용하는 자로는 30cm까지 잴 수 있는 '막대 자'와 5m까지 잴 수 있는 '줄자'가 있습니다. 그중 30cm 막대 자로는 연필이나 지우개, 필통이나 공책 등의 물건의 길이를 재기에 적당합니다. 그 물건들의 길이가 30cm보다 작기 때문입니다. 반면에 책상이나 침대, 줄넘기나 책장처럼 크고 긴 물건들은 30cm보다 훨씬 길어서 줄자로 재기에 적당합니다. 어떤 물건이든 그것의 길이를 잴 때는 물건 길이를 한 번에 재어야 더 정확하게 측정할 수 있기 때문입니다.

그럼, 자로 물건의 길이를 재려면 어떻게 측정*해야 할까요? 예컨대, 막대 자로 필통의 길이를 측정하는 순서는 이렇습니다. 우선 필통의 한끝을 30cm 막대 자의 눈금 0에 맞춥니다. 그러고 나서 필통의 다른 쪽 끝에 놓인 막대 자의 눈금을 읽습니다. 예를 들어, 그 눈금이 21을 가리킨다고 하면 그 필통의 길이는 21cm입니다. 다른 물건의 길이를 잴 때도 이 두 순서로 측정합니다.

어떤 사물의 길이를 잴 때 덧셈이나 곱셈을 해야 할 경우가 생기기도 합니다. 예컨대, 한 가족이 건넌방의 한쪽 벽면을 책장으로 채우려고 합니다. 그래서 우선 그 방 벽면의 길이를 재었습니다. 줄자로 그 벽면의 길이를 쟀습니다. 2m 80m이었습니다. 그 가족은 가구점에 가서 적당한 책장을

골랐습니다. 그 책장의 길이는 90cm이었습니다. 그래서 그 가족은 그 책장을 3개 주문하였습니다. 90cm×3=270cm이기 때문입니다. 270cm는 2m 70cm입니다. 방 벽면의 길이가 2m 80cm이었으므로 주문한 책장을 나란히 붙여 놓으면 10cm가 남습니다.

그런데 자가 없어도 사람들은 자기 몸의 일부를 이용하여 방 벽면과 책장의 길이를 어림할 수 있습니다. 앞의 경우는 '뼘'으로 어림할 수 있습니다. 뼘은 엄지손가락과 가운뎃손가락, 또는 엄지손가락과 새끼손가락을 힘껏 벌린 길이를 뜻하는 우리말입니다. 한 뼘의 길이는 사람마다 다르지만 어른들의 손으로는 대략 20cm가량 됩니다. 앞에서 책장의 길이는 90cm이었습니다. 그러면 책장의 길이는 대략 '네 뼘 반'이 될 것입니다. 방 벽면의 길이는 2m 80cm이었습니다. 그러면 방 벽면의 길이는 '열네 뼘'이 될 것입니다. '네 뼘 반'을 세 번 더하면 '열세 뼘 반'입니다. 그러므로 뼘으로 어림한 그 가족은 방의 벽면에 책장 3개를 붙여 놓을 수 있음을 알 수 있습니다. 이렇게 길이를 어림할 때는 자기 몸의 일부인 뼘이나 걸음, 또는 양팔 길이를 이용하면 편리합니다.

* 단위: 길이, 무게, 시간 따위의 수량을 나타낼 때 기초가 되는 일정한 기준.
* 측정: 길이, 무게 따위를 재는 활동.

나무 문해력 익히기

□에 알맞은 말을 쓰세요.

이해하기 1

오늘날 전 세계에서 공통으로 사용하는 '길이 단위'에 모두 밑줄 치세요.

큐빗(cubit)
센티미터(cm)
뼘
미터(m)

이해하기 2

막대 자로 필통을 측정하는 순서입니다. □에 알맞은 낱말을 쓰세요.

1. 필통의 한끝을 30cm 막대 자의 눈금 □에 맞춥니다.
2. 필통의 다른 쪽 끝에 놓인 막대 자의 □□을 읽습니다.

판단하기

'30cm 막대 자'와 '5m 줄자'가 있습니다. 이 두 자로 길이를 측정하기에 적절한 물건을 서로 연결하세요.

30cm 막대 자 •	• 수학 교과서
5m 줄자 •	• 현관문
	• 연필
	• 침대
	• 빨래 건조대

사용하기

운동장의 길이는 82m입니다. 걸음으로 어림하여 운동장의 중간 지점에 축구 골대를 놓으려고 합니다. 한 걸음의 길이가 약 1m입니다. 운동장의 한끝에서 걷기 시작하여 몇 걸음을 걸으면 중간 지점에 닿을까요? 알맞은 걸음 수를 □에 쓰세요.

□ 걸음

참여하기

'줄자'는 '막대 자'보다 장점이 많습니다. 그 장점은 무엇일까요? 곰곰이 생각하여 쓰세요.

8

시계 읽기

2학기
시각과 시간

시간과 시각은 뜻이 비슷한 낱말 같지만 서로 다른 뜻을 갖고 있습니다. 그래서 잘 구별하여 말해야 합니다. 즉, 시간은 '한 시각부터 다른 시각까지의 사이'를 뜻하는 낱말입니다. 그래서 예컨대 어떤 시간은 '오전 5시 3분부터 오전 6시 7분까지'를 뜻합니다. 그러한 시간의 한자는 '때 시(時)', '사이 간(間)'입니다. 말 그대로 시간은 '어느 때부터 어느 때 사이'를 뜻합니다.

반면에 시각은 '시간의 한 순간'을 뜻하는 낱말입니다. 그래서 예컨대 수업 종소리가 들리는 순간도 시각이고, 신호등 불빛이 바뀐 순간도 시각입니다. 미술 수업 시간은 9시부터 9시 40분까지 40분 동안이지만, 작품을 만든 찰흙에 내 이름을 새긴 시각은 9시 31분이었습니다. 그래서 시각의 한자는 '때 시(時)', '새길 각(刻)'입니다.

하루는 24시간입니다. 24시간의 하루 중에서 '전날 밤

12시부터 낮 12시까지'를 '오전'이라고 합니다. 또 '낮 12시부터 밤 12시까지'를 '오후'라고 합니다. 왜 그 시간들을 '오전/오후'라고 이름 붙였을까요? 낮 12시를 '정오'라고 하는데, '정오 이전'이라는 말을 줄여서 '오전'이라고 하고, '정오 이후'라는 말을 줄여서 '오후'라고 하는 것입니다.

오늘날 주로 사용하는 시계는 오전의 시각과 오후의 시각을 나타내는 기계입니다. 그래서 시계에는 12시까지만 표시되어 있습니다. 시계에는 '짧은바늘'과 '긴바늘'이 있습니다. 짧은바늘은 '몇 시'를 나타냅니다. 긴바늘은 '몇 분'을 나타냅니다. 시계의 짧은바늘이 시계의 둥근 판을 한 바퀴 도는 데 12시간이 걸립니다. 그래서 짧은바늘이 두 바퀴 돌면 하루가 지납니다(12시간+12시간=24시간). 반면에 시계의 긴바늘이 한 바퀴 도는 데는 60분의 시간이 걸립니다. 60분은 1시간입니다.

시계를 보면 시각을 알 수 있습니다. 시계의 시각을 읽는 방법은 이렇습니다. 시계의 짧은바늘이 가리키는 숫자는 '몇 시'인지를 나타냅니다. 예컨대, 짧은바늘이 시계의 숫자 6을 가리키면 그 시각은 (오전 또는 오후) 6시인 것입니다. 시계의 긴바늘이 가리키는 숫자는 '몇 분'인지를 나타냅니다. 긴바늘이 가리키는 숫자가 1이면 5분, 2이면 10분, 3이면 15분, 4이면 20분, 5이면 25분, 6이면 30분……을 나타냅니다. 그리고 긴바늘이 가리키는 작은 눈금 한 칸은 1분을 나타냅니다. 그래서 보통 시계 판에는 작은 눈금이 60칸이 그려져 있습니다.

시계의 시각은 여러 방법으로 읽습니다. 사람들은 '2시 55분'을 '3시 5분 전'이라고 말하곤 합니다. 2시 55분은 3시에 가까운 시각이므로 듣는 사람이 그 시각을 더 쉽게 알아차리게끔 그렇게 표현하는 것입니다. 마찬가지로 '8시 10분 전'은 '7시 50분'과 같은 시각을 뜻합니다. 8시에는 집을 나서야 하는 아이에게 엄마가 "8시 10분 전이야!"라고 말하는 까닭은 '곧 8시가 된다'는 사실을 강조하기 위함입니다.

나무 문해력 익히기

□에 알맞은 말을 쓰세요.

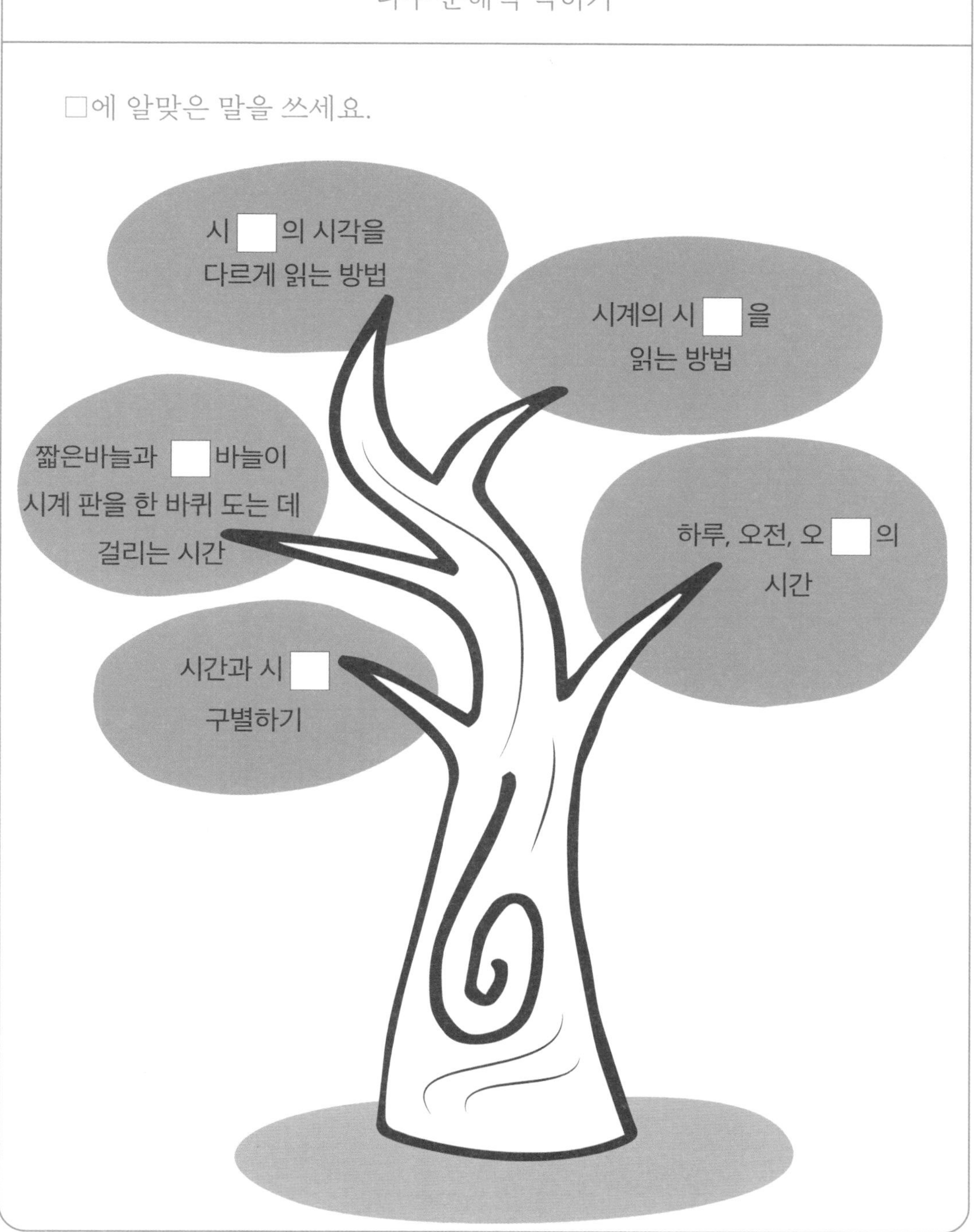

이해하기 1

'시간'과 '시각'의 낱말과 뜻풀이가 알맞게 서로 연결하세요.

시간 • • 시간의 한 순간

시각 • • 한 시각부터 다른 시각까지의 사이

이해하기 2

'오전'과 '오후'의 낱말과 뜻풀이가 알맞게 서로 연결하세요..

오전 • • 낮 12시부터 밤 12시까지

오후 • • 전날 밤 12시부터 낮 12시까지

판단하기

시계의 짧은바늘이 시계 판의 숫자 3과 4 사이에 있습니다. 시계의 긴 바늘은 시계 판의 숫자 7을 가리키고 있습니다. 이 시각은 몇 시 몇 분일까요? □에 알맞은 시각을 숫자로 쓰세요.

□ 시 □ 분

사용하기

시계를 보니 현재 시각이 10시 57분입니다. 이 시각을 '몇 시 몇 분 전'으로 나타내려고 합니다. 알맞은 그 표현을 □에 숫자로 쓰세요.

현재 시각은 □ 시 □ 분 전입니다.

참여하기

하루는 24시간입니다. 하지만 시계 판에는 12시까지만 표시되어 있습니다. 왜 시계에 24시가 아니라 12시까지만 표시되어 있을까요? 곰곰이 생각하여 그 까닭을 쓰세요.

자료를 알기 쉽게 나타내는 방법

2학기
표와 그래프

2학년 3반 초등학생들이 가장 좋아하는 간식이 무엇인지를 조사하였습니다. 치킨을 가장 좋아하는 학생은 5명이었습니다. 피자를 가장 좋아하는 학생은 7명이었습니다. 과자를 가장 좋아하는 학생은 4명이었습니다. 아이스크림을 가장 좋아하는 학생은 6명이었습니다. 떡볶이를 가장 좋아하는 학생은 3명이었습니다. 이 조사 결과로 「2학년 3반 학생들이 가장 좋아하는 간식」이라는 제목의 자료를 만들려고 합니다. 그런데, 이 조사 결과를 앞에서처럼 문장으로만 나열해 놓는 것보다 한눈에 알아보기 쉽게 나타내는 방법이 있습니다. 그것은 표나 그래프로 나타내는 것입니다.

표는 조사한 자료를 일정한 기준에 따라 그린 네모 칸들에 넣어 알아보기 쉽게 정리한 것입니다. 표의 장점은 수량을 종류별로 나타내기에 편리하다는 것입니다. 그래서 자료를 정리한 표를 보면 종류와 수량을 한눈에 확인할 수 있습니다. 그런데 표를 만들 때는 이 표가 어떤 자료인지를 나타내는 제목을 붙여야 합니다. 제목은 보통 표의 위쪽에 밝힙니다. 이 방법에 따라 앞의 조사 결과를 다음과 같이 표로 만들 수 있습니다.

2학년 3반 학생들이 가장 좋아하는 간식

간식	치킨	피자	과자	아이스크림	떡볶이	합계
학생 수	5	7	4	6	3	25

이와 같은 조사 결과를 그래프로도 나타낼 수 있습니다. 그래프는 조사한 자료를 일정한 기준에 따라 그린 점, 직선, 곡선, 막대, 그림 등을 사용하여 알아보기 쉽게 정리한 것입니다. 그래프의 장점은 수량을 종류별로 나타내기에 편리할 뿐만 아니라, 수량이 많은 것과 수량이 적은 것을 한눈에 알 수 있게 비교하여 나타낼 수 있다는 것입니다. 그래서 자료를 정리한 그래프를 보면 종류들에 대한 수량들의 크기를 비교하여 한눈에 확인할 수 있습니다. 표와 마찬가지로 그래프를 만들 때도 이 그래프가 어떤 자료인지를 나타내는 제목을 붙여야 합니다. 제목은 보통 그래프의 위쪽이나 아래쪽에 밝힙니다. 이 방법에 따라 앞의 조사 결과를 다음과 같이 그래프로 만들 수 있습니다.

2학년 3반 학생들이 가장 좋아하는 간식

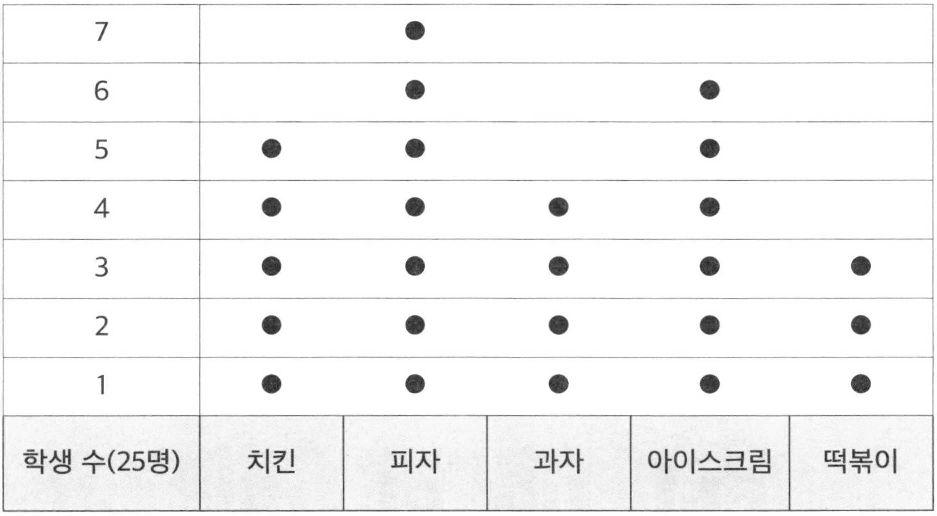

7		●			
6		●		●	
5	●	●		●	
4	●	●	●	●	
3	●	●	●	●	●
2	●	●	●	●	●
1	●	●	●	●	●
학생 수(25명)	치킨	피자	과자	아이스크림	떡볶이

이렇게 조사 결과를 그래프로 나타내니 학생들이 가장 좋아하는 간식이 피자라는 사실이 한눈에 들어옵니다. 그래프는 자료의 종류별 수량의 크기를 점, 선, 막대, 그림 등으로 알아보기 쉽게 나타낼 수 있기 때문입니다.

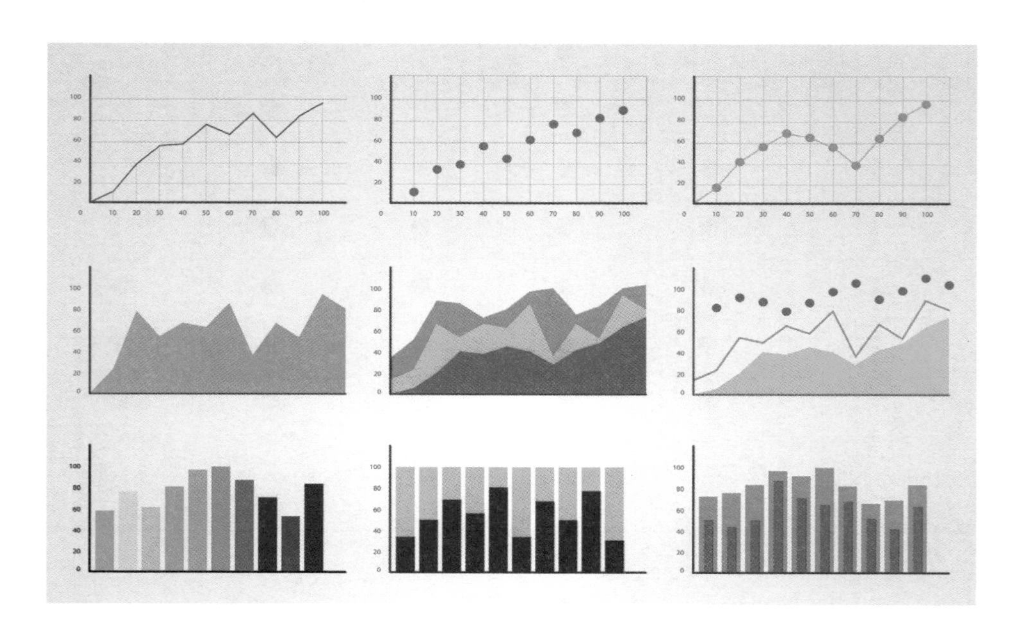

나무 문해력 익히기

□에 알맞은 말을 쓰세요.

조사 결과를
□□□로 나타냄

조사 결과를
□로 나타냄

초등학생들이
가장 좋아하는 간□이
무엇인지를 조사함

이해하기 1

앞의 글의 조사 결과에서 학생들이 가장 좋아하는 간식 1위는 무엇이었나요? 그 간식에 밑줄 치세요.

치킨
아이스크림
피자
과자
떡볶이

이해하기 2

표와 그래프의 뜻풀이가 알맞게 서로 연결하세요.

표 •　　• 조사한 자료를 일정한 기준에 따라 그린 점, 직선, 곡선, 막대, 그림 등을 사용하여 알아보기 쉽게 정리한 것

그래프 •　　• 조사한 자료를 일정한 기준에 따라 그린 네모 칸들에 넣어 알아보기 쉽게 정리한 것

판단하기

표와 그래프에 제목을 붙여야 하는 까닭은 무엇인가요? 옳은 까닭을 밝힌 문장에 밑줄 치세요.

표와 그래프에 제목이 없으면 심심하기 때문이다.
표와 그래프가 어떤 자료인지를 나타내야 하기 때문이다.
표와 그래프에는 이름을 지어 주어야 하기 때문이다.
제목이 없으면 표와 그래프가 아니기 때문이다.

사용하기

동화 속 아기 돼지 삼 형제가 각자 집을 지었습니다. 첫째 돼지는 짚으로 집을 지었습니다. 둘째 돼지는 나무로 집을 지었습니다. 셋째 돼지는 벽돌로 집을 지었습니다. 이 삼 형제가 지은 집들의 재료를 표로 나타내 보세요.

참여하기

앞의 글에는 표보다 나은 그래프의 장점이 서술되어 있습니다. 그 장점이 무엇인지 글을 살펴 읽고 찾아 쓰세요.

10

질서 찾기

2학기
규칙 찾기

초등 수학 2학년 교과 단원에 ‘규칙 찾기’라는 주제가 있습니다. 규칙이 무엇이기에 ‘규칙 찾기’를 하는 걸까요? 표준국어대사전은 규칙(規則)을 ‘여러 사람이 다 같이 지키기로 작정한 법칙’이라고 뜻풀이하고 있습니다. 즉, 규칙은 여러 사람의 생각과 마음에 따라 정해진 약속이라는 것입니다. 그래서 조금 이상합니다. 그런 의미의 규칙은 수학보다는 사회 과목에서 다루는 내용 같기 때문입니다. 그래서 다른 국어사전을 찾아보았습니다. 고려대한국어대사전에는 규칙(規則)의 두 번째 뜻을 이렇게 풀이하고 있습니다. ‘사물이나 현상이 어떠한 환경이나 조건에 따라 일정한 방식으로 존재하거나 변화할 때 관여하는 질서.’ 이 뜻풀이에는 어려운 낱말들(현상, 환경, 존재)이 포함되어 있어서 이해하기가 쉽지 않습니다. 그래도 이 뜻풀이는 수학 교과에서 다루는 ‘규칙’의 의미를 나타내고 있습니다. 이 뜻풀이의 핵심은 ‘질서’라는 낱말에 있습니다. 그래서

일	월	화	수	목	금	토
	1	2	3	4	5	6
7	8	9	10	11	12	13
14	15	16	17	18	19	20
21	22	23	24	25	26	27
28	29	30	31			

‘규칙 찾기’라고 부르기보다는 ‘질서 찾기’라고 부르고 싶습니다. ‘어떤 사물에서 거듭되는 질서를 발견하는 활동’이 바로 규칙 찾기(질서 찾기)이기 때문입니다. 또한 표준국어대사전에는 수학적 의미로서의 ‘규칙’의 뜻이 나와 있지 않으므로 ‘규칙’ 대신 ‘질서’라는 낱말로 부르고 싶은 것입니다.

일상생활에서 규칙 찾기(질서 찾기)를 할 수 있습니다. 주변에 달력이 있습니다. 우리는 달력에서 몇몇 규칙(질서)을 발견할 수 있습니다. 첫째, 달력에는 날짜들이 요일에 맞추어 나열된 규칙(질서)이 있습니다. 즉, 달력에는 날짜들이 ‘일, 월, 화, 수, 목, 금, 토’ 요일에 따라 7일마다 반복되어 있습니다. 둘째, 바둑판 모양의 달력에는 날짜의 수가 오른쪽으로 갈수록 1씩 커지는 규칙(질서)이 있습니다. 셋째, 바둑판 모양의 달력에는 날짜의 수가

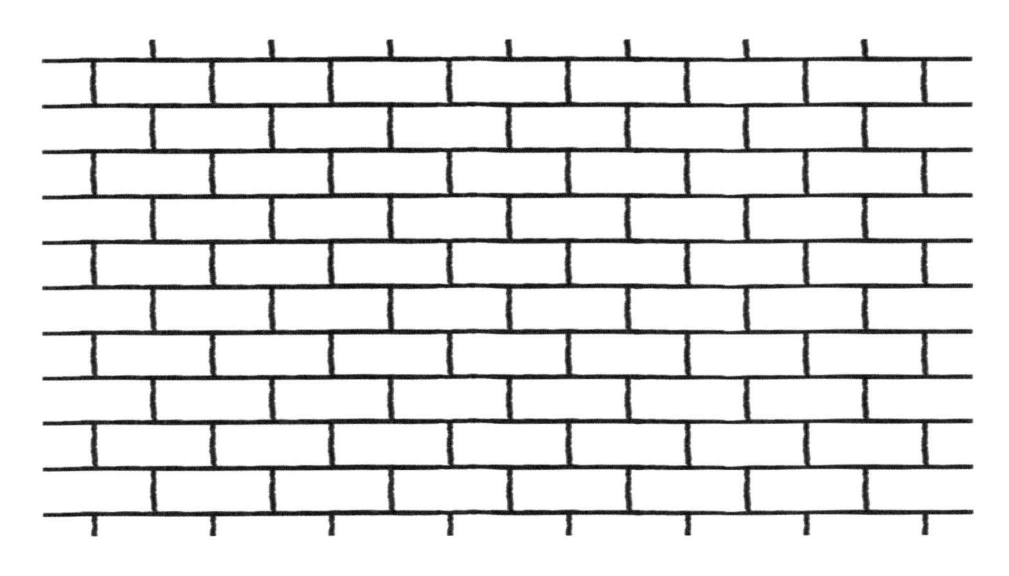

아래쪽으로 갈수록 7씩 커지는 규칙(질서)이 있습니다. 세로줄은 모두 같은 요일이기 때문입니다.

사람들이 사는 집에는 반복되는 무늬가 있습니다. 벽지에도 반복되는 무늬가 있고, 화장실의 타일에도 반복되는 무늬가 있습니다. 그런 벽지에는 꽃무늬나 도형 무늬가 반복하여 그려져 있습니다. 또 대개의 화장실 타일은 네모 모양이나 육각형 모양의 무늬가 반복되어 붙어 있습니다. 그런 무늬들은 타일을 이어 붙이기가 쉬우므로 타일 모양을 그렇게 만든 것입니다. 대개의 보도블록이 사각형이거나 육각형인 것도 같은 까닭입니다.

벽돌 담장을 쌓은 모양에서도 규칙(질서)을 찾을 수 있습니다. 그 규칙(질서)은 벽돌 담장의 세로줄마다 벽돌들이 엇갈려 쌓아져 있다는 것입니다. 왜 벽돌들을 층마다 엇갈려 쌓았을까요? 벽돌들을 엇갈려 쌓지 않고 똑같이 정렬하여 쌓으면 쉽게 무너지기 때문입니다. 나무 블록도 벽돌 모양입니다. 나무 블록을 이 두 가지 방법으로 비교하며 쌓아 보세요. 엇갈려 쌓는 나무 블록을 더 높이 쌓을 수 있을 것입니다. 그러고 보면 우리가 일상생활에서 발견할 수 있는 규칙(질서)들에는 모두 그러한 규칙(질서)을 갖게 된 나름의 까닭이 있습니다.

나무 문해력 익히기

□에 알맞은 말을 쓰세요.

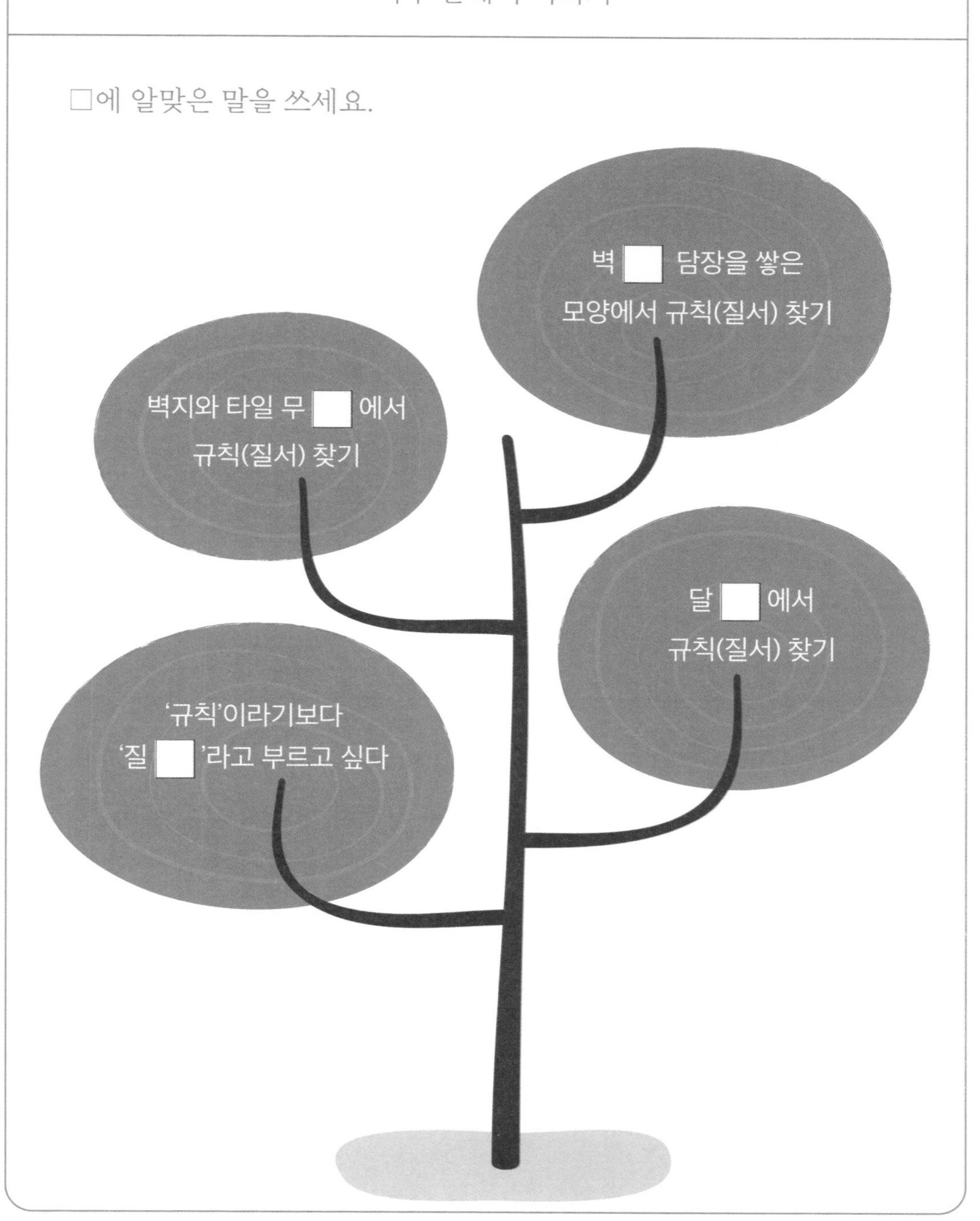

이해하기 1

바둑판 모양의 달력에 있는 규칙이 아닌 문장에 밑줄 치세요.

달력에는 날짜들이 요일에 맞추어 나열된 규칙이 있다.
달력에는 날짜마다 요일이 쓰여 있다.
달력에는 날짜의 수가 오른쪽으로 갈수록 1씩 커진다.
달력에는 날짜의 수가 아래쪽으로 갈수록 7씩 커진다.

이해하기 2

벽돌 담장을 쌓은 모양에는 벽돌을 엇갈려 쌓은 규칙이 있습니다. 왜 벽돌을 엇갈려 쌓은 걸까요? 이 물음에 대한 적절한 대답에 밑줄 치세요.

벽돌의 수를 적게 들여서 쌓기 위함이다.
담장의 모양을 멋있어 보이게 하기 위함이다.
벽돌 담장이 쉽게 무너지지 않게 하기 위함이다.
담장 모양에 규칙을 나타내야 하기 위함이다.

판단하기

시계의 짧은바늘과 긴바늘에는 어떤 규칙이 있습니다. 그 규칙에 대한 설명으로 적절하지 않은 문장에 밑줄 치세요.

짧은바늘은 12시간마다 한 바퀴 돈다.
긴바늘은 1시간마다 한 바퀴 돈다.
짧은바늘은 30분마다 어떤 수를 가리킨다.
짧은바늘과 긴바늘은 항상 오른쪽 방향으로 돈다.

사용하기

오늘은 화요일이며, 3월 6일입니다. 그럼, 다음 주 화요일의 날짜는 몇 월 며칠일까요? 그 날짜를 □에 숫자로 쓰세요.

□ 월 □ 일

참여하기

8, 16, 24, 32, 40, 48, 56, 64, 72에는 어떤 규칙이 숨어 있습니다. 그 규칙을 발견하여 답변하세요.

해답

1 수의 자리

나무 문해력 익히기

□에 알맞은 말을 쓰세요.

수의 자리: 한 자리 수, 두 자리 수, 세 자리 수
'수의 자리'가 수의 크기를 나타낸다
835를 '수의 자리'로 나타내기
'수의 자리'가 같은 수끼리 크기 비교: 762와 769
부등호: 두 수의 크기를 나타내는 기호

이해하기 1

자릿수의 뜻풀이를 □에 알맞게 쓰세요.

자릿수는 '수의 자리'를 뜻하며, 자릿수에는 일의 자리, 십의 자리, 백의 자리, 천의 자리 따위가 있다.

이해하기 2

'수'와 '수의 자리'가 알맞게 선으로 연결하세요.

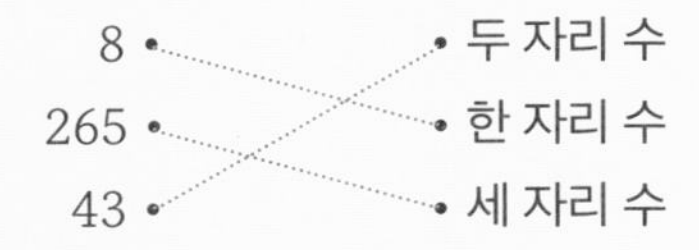

판단하기

736에서 각 숫자는 얼마를 나타낼까요? □에 알맞은 숫자를 쓰세요.

736에서 7은 700을 나타낸다.
736에서 3은 30을 나타낸다.
736에서 6은 6을 나타낸다.

사용하기

어느 수가 더 큰가요? □에 부등호(> 또는 <)를 넣어 수의 크기를 알맞게 비교하세요.

93 < 102
286 < 386
452 > 450

참여하기

10원은 '두 자리 수'의 돈입니다. 100원은 '세 자리 수'의 돈입니다. 1000원은 '네 자리 수'의 돈입니다. 10000원은 '다섯 자리 수'의 돈입니다. 그럼, 수는 한 자리씩 커질수록 몇 배씩 커질까요? 이 돈들을 예로 들어 설명하세요.

'두 자리 수'의 돈인 10원짜리 동전이 10개 있으면 100원이 됩니다. '세 자리 수'의 돈인 100원짜리 동전이 10개 있으면 1000원이 됩니다. '네 자리 수'의 돈인 1000원짜리 종이돈이 10장 있으면 10000원이 됩니다. 그러므로, 이렇게 돈의 크기가 한 자리씩 커질 때마다 돈의 크기는 10배씩 커집니다.

2 변과 꼭짓점이 있는 도형

나무 문해력 익히기

□에 알맞은 말을 쓰세요.

삼각형, 사각형, 오각형, 육각형의 공통점: '곧은 선'으로 이루어진 도형
변: 도형을 둘러싸고 있는 '곧은 선'
꼭짓점: 도형에 있는 변과 변끼리 만나는 점
변과 꼭짓점의 개수로 어떤 도형인지 알 수 있다
종이 접기, 칠교판에서 보이는 삼각형과 사각형

이해하기 1

도형에 대한 설명입니다. □에 알맞은 낱말을 쓰세요.

'곧은 선'으로 이루어진 도형에는 변과 꼭짓점이 있다.

이해하기 2

삼각형에는 '변'과 '꼭짓점'이 몇 개 있을까요? □에 그 개수를 쓰세요.

변의 개수: 3개
꼭짓점의 개수: 3개

판단하기

도형 중에는 동그라미 모양도 있습니다. 동그라미 도형에는 변과 꼭짓점이 몇 개 있을까요? □에 그 개수를 알맞게 쓰세요.

변의 개수: 0개
꼭짓점의 개수: 0개

사용하기

보기의 그림은 어떤 도형으로 이루어져 있을까요? 알맞은 도형 이름에 밑줄 치세요.

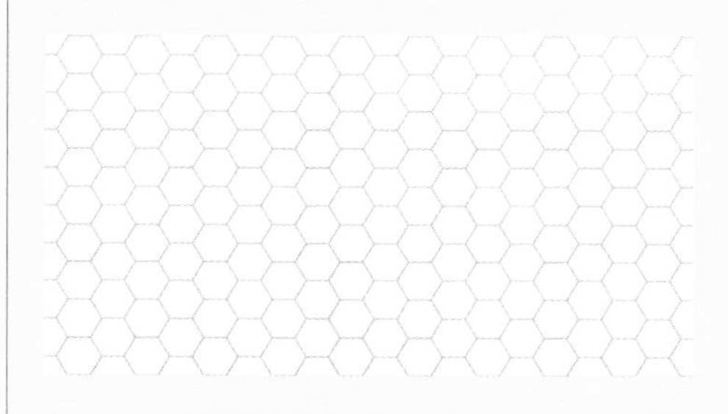

삼각형 사각형 오각형 육각형 팔각형

참여하기

보기의 그림에서 사각형인 도형을 모두 찾아 동그라미 치세요. 그리고 그 도형을 사각형이라고 생각한 이유도 쓰세요.

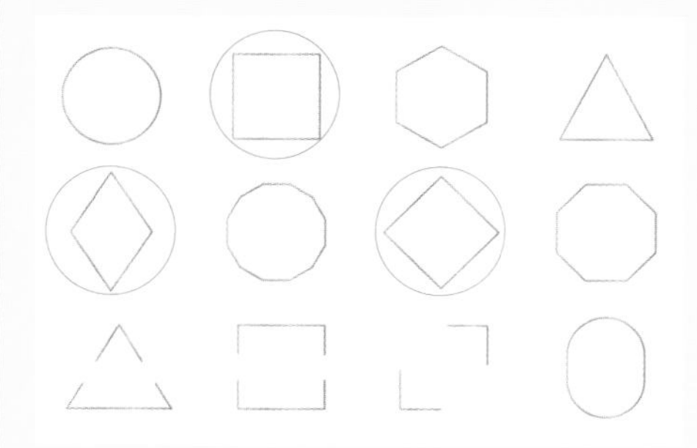

보기의 그림에는 사각형이 3개 있습니다. 이 3개의 도형이 사각형인 까닭은

변과 꼭짓점의 개수에 있습니다. 즉, 이 3개의 도형에는 변의 개수가 4개씩 있으며, 꼭짓점의 개수도 4개씩 있습니다. 사각형은 4개의 변에 둘러싸인 도형이며, 4개의 꼭짓점을 갖고 있는 도형입니다. 그러므로 이 조건을 갖춘 도형인 사각형은 보기의 그림에는 3개입니다.

3 길이를 재는 기준

나무 문해력 익히기

□에 알맞은 말을 쓰세요.

'자'는 길이를 똑같이 잴 수 있는 도구
큐빗, 인치, 피트, 야드, 척(자)
옛날에 손, 팔, 발로 길이를 쟀던 까닭
손, 팔, 발로 길이를 재면 생기는 문제점
오늘날 길이를 재는 기준: 센티미터(cm)

이해하기 1

낱말과 '길이를 재는 기준'을 선으로 연결하세요.

큐빗 • '팔꿈치에서 손끝까지'의 길이
인치 • '엄지손가락의 너비'의 길이
척(자) • '손 한 뼘'의 길이
야드 • '팔을 뻗었을 때 코끝에서 엄지손가락까지'의 길이
피트 • '발뒤꿈치에서 엄지발가락까지'의 길이

이해하기 2

오늘날 우리나라에서 공통으로 사용하는 길이의 기준인 낱말에 밑줄 치세요.

자
피트(feet)
센티미터(cm)
큐빗(cubit)
척(尺)

판단하기

옛날에는 사람의 '손, 팔, 발'을 길이를 재는 기준으로 삼았습니다. 그 경우에 생기는 문제점은 무엇일까요? 그 문제점을 적절히 설명한 문장에 밑줄 치세요.

옛날에는 공통으로 사용하는 나무 자나 줄자가 없었다는 것
사람마다 손, 팔, 발의 크기가 달라 길이를 잰 결과도 다르다는 것
옛날에는 길이를 잰 결과를 숫자로 대답할 수 없었다는 것
손, 팔, 발은 항상 몸에 지닐 수 있었다는 것

사용하기

30cm 자로 필통의 길이를 쟀습니다. 필통 길이를 잰 자의 큰 눈금이 숫자 24를 가리켰습니다. 이 필통의 길이를 나타낸 알맞은 숫자를 □에 쓰세요.

24cm

참여하기

사람들이 주로 사용하는 자는 딱딱한 30cm 자와 휘어지는 줄자입니다. 딱딱한 30cm 자와 휘어지는 줄자는 각각 무엇의 길이를 재는 데 주로 사용할까요? 두 자의 좋은 점과 불편한 점을 예를 들어서 답변하세요.

딱딱한 30cm 자는 그 길이가 말 그대로 30cm이므로, 30cm보다 작은 물건의 길이의 재는 데 사용하면 좋습니다. 즉, 책, 연필, 지우개, 가위 같은 반듯한 물건의 길이를 잴 때는 딱딱한 30cm 자를 사용하면 편리합니다. 줄자의 길이는 300cm나 500cm입니다. 그래서 책상, 장롱 같은 가구나 방의 폭을 잘 잴 수 있습니다. 가구를 30cm 자로 재려면 여러 번 더하여 재어야 해서 불편합니다. 줄자의 장점은 또 있습니다. 줄자는 휘어지는 자이므로, 허리 둘레도 잘 잴 수 있습니다.

4 분류하는 기준

나무 문해력 익히기

□에 알맞은 말을 쓰세요.

대형 마트에서 장 본 순서
'분류하기'의 뜻
'분류하는 기준'의 예: 책, 주사위, 색종이
대형 마트에서 상품들을 분류한 기준
구별하는 기준: 공통점과 차이점 찾기
(예: 과일과 채소)

이해하기 1

'분류하기'의 뜻풀이입니다. □에 알맞은 낱말을 쓰세요.

'분류하기'는 같은 성질을 가진 것끼리 구별 짓는 활동이다.

이해하기 2

앞의 글에서 '라면과 생수'를 매장 입구에 쌓아 둔 이유가 드러나 있습니다. 그 까닭에 밑줄 치세요.

같은 종류의 상품이므로 매장 입구에 두었다.
생활품이므로 매장 입구에 두었다.
사람들이 가장 많이 찾는 상품이므로 매장 입구에 두었다.
공통점과 차이점이 있는 상품이므로 매장 입구에 두었다.

판단하기

상품과 판매대의 관계가 알맞게 선으로 연결하세요.

상품	판매대
우유	농산물 판매대
딸기	냉장 판매대
샴푸	욕실 용품 판매대
잠옷	문구류 판매대
연필	의류 판매대

(우유 – 냉장 판매대, 딸기 – 농산물 판매대, 샴푸 – 욕실 용품 판매대, 잠옷 – 의류 판매대, 연필 – 문구류 판매대)

사용하기

보기의 낱말들을 과일과 채소로 분류하여 아래 칸에 쓰세요.

사과, 상추, 귤, 배추, 포도, 깻잎, 당근, 감, 파, 배, 밤

과일: 사과, 귤, 포도, 감, 배, 밤
채소: 상추, 배추, 깻잎, 당근, 파

참여하기

'바위, 수돗물, 공기, 얼음, 우유, 바람'이 있습니다. 이것들을 어떤 기준에 따라 분류하세요. 그리고 분류한 기준이 무엇인지 쓰세요.

독자분이 어떤 기준으로 분류했는지 궁금합니다. 이 여섯 낱말을 분류하는 기준은 여러 가지일 테니까요. 예컨대, '눈에 보이는 것'(바위, 수돗물, 얼음, 우유)과 '눈에 보이지 않는 것'(공기, 바람)으로 분류할 수도 있습니다. 또는, 초등 3학년 과학 교과목의 내용이지만, 이 낱말들을 '물질의 상태'로 분류할 수도 있겠습니다. 즉, 고체(바위, 얼음), 액체(수돗물, 우유), 기체(공기, 바람)로 분류할 수 있습니다.

5 묶어 세는 셈법

나무 문해력 익히기

□에 알맞은 말을 쓰세요.

덧셈과 곱셈의 뜻
곱셈할 수 있는 경우: 묶어 셀 수 있을 경우
덧셈식과 곱셈식
곱셈식을 읽는 법
곱셈의 표현법: 배, 곱, 곱하기, 곱셈식
곱셈에서 기억해야 할 수: 1과 0

이해하기 1

앞의 글에서 풀이한 '덧셈'과 '곱셈'의 뜻을 □에 알맞게 쓰세요.

덧셈은 두 수, 또는 두 수보다 많은 수를 합하여 계산하는 셈법이며,
곱셈은 두 수, 또는 두 수보다 많은 수를 곱하여 계산하는 셈법이다.

이해하기 2

10+10+10+10+10을 □에 알맞게 곱셈으로 나타내세요.

10×5

판단하기

7×5=35와 같은 뜻이 아닌 표현에 밑줄 치세요.

7 곱하기 5는 35와 같습니다
7+7+7+7+7=35
7의 5배는 35입니다
<u>7과 5의 배는 35입니다</u>

사용하기
아래의 두 덧셈을 □에 알맞게 곱셈식으로 바꾸어 쓰세요.

8+8+8+8+8+8=
8×6=48

7+7+7+7+7+7+7+7+7=
7×9=63

참여하기
어떤 수에 10을 곱하면 그 결과는 그 어떤 수의 몇 배가 될까요? 예를 들어서 대답하세요.

어떤 수이든 그 수에 10을 곱하면 그 결과는 항상 그 수의 10배가 됩니다. 예를 들어서 5에 10을 곱하면, 즉 5×10=50입니다. 마찬가지로, 3×10=30이며, 4×10=40입니다. 그래서 10×10=100, 100×10=1000, 1000×10=10000입니다. 이렇게 어떤 수에 10을 곱하면 그 결과는 항상 10배가 됩니다.

6 곱셈구구의 규칙

나무 문해력 익히기
□에 알맞은 말을 쓰세요.

곱셈구구의 뜻
곱셈구구의 아홉 '단'
곱셈구구의 규칙
곱셈구구의 쓸모

이해하기 1
'곱셈구구'의 뜻풀이입니다. □에 알맞은 낱말을 쓰세요.

곱셈구구는 1에서 9까지의 각 수를 두 수끼리 서로 곱하여 그 값을 나타내는 곱셈이다.

이해하기 2
'9의 단'을 □에 알맞게 쓰세요.

9×1=9, 9×6=54, 9×2=18, 9×4=36, 9×8=72, 9×7=63, 9×5=45, 9×3=27, 9×9=81

판단하기
곱셈구구의 규칙에 대한 설명으로 알맞지 않은 문장에 밑줄 치세요.

<u>2×1, 2×2, 2×3, 2×4, 2×5, 2×6, 2×7, 2×8, 2×9는 2의 단이다.</u>
'★의 단'의 곱셈 값은 ★만큼씩 커진다.
3의 단의 곱셈 값은 3에서 시작하여 3씩 커진다.
5의 단의 곱셈 값은 5에서 시작하여 5씩 커진다.

사용하기
사과 상자에 사과 여러 개가 놓여 있습니다. 가로 줄에 4개씩, 세로 줄에 3개씩 놓여 있습니다. 이 상자에 있는 사과는 모두 몇 개일까요? 곱셈구구로 계산하여 그 곱셈 값을 곱셈식으로 쓰세요.

3×4=12
또는
4×3=12

참여하기
우리는 곱셈구구를 '2의 단'부터 '9의 단'까지 외웁니다. 그런데 잘 외워지는 단도 있고, 잘 안 외워지는 단도 있습니다. 어떤 단이 잘 외워지고, 어떤 단이 잘 안 외워질까요? 그리고 그 까닭은 무엇일까요?

'2의 단'부터 '5의 단'까지는 잘 외워집니다. '2의 단'의 곱셈 값은 2, 4, 6, 8, 10, 12, 14, 16, 18, 이렇게 2씩 커지고, '3의 단'은 3씩, '4의 단'은 4씩, '5의 단'은 5씩 커져서 우리는 어렵지 않게 암산할 수 있습니다. 특히 '5의 단'은 5, 10, 15, 20, 25, 30, 35, 40, 45, 이렇게 커져서 계산하기 쉽습니다. 하지만, '6의 단'부터는 6씩 커져서 그 덧셈을 이어가기가 쉽지 않습니다. 6씩 더하면, 6, 12, 18, 24, 30, 36, 42, 48, 54, 이렇게 되므로 금세 덧셈이 되지 않은 까닭입니다.

7 센티미터(cm)와 미터(m)

나무 문해력 익히기
□에 알맞은 말을 쓰세요.

30cm 막대 자와 줄자의 쓰임새
물건의 길이를 자로 측정하는 두 순서
길이를 잴 때 덧셈이나 곱셈을 해야 하는 경우의 예
뼘으로 길이를 어림하는 방법의 예

이해하기 1
오늘날 전 세계에서 공통으로 사용하는 '길이 단위'에 모두 밑줄 치세요.

1큐빗(cubit)
<u>센티미터(cm)</u>
뼘
<u>미터(m)</u>

이해하기 2
막대 자로 필통을 측정하는 순서입니다. □에 알맞은 낱말을 쓰세요.

1. 필통의 한끝을 30cm 막대 자의 눈금 0에 맞춥니다.
2. 필통의 다른 쪽 끝에 놓인 막대 자의 눈금을 읽습니다.

판단하기
'30cm 막대 자'와 '5m 줄자'가 있습니다. 이 두 자로 길이를 측정하기에 적절한 물건을 서로 연결하세요.

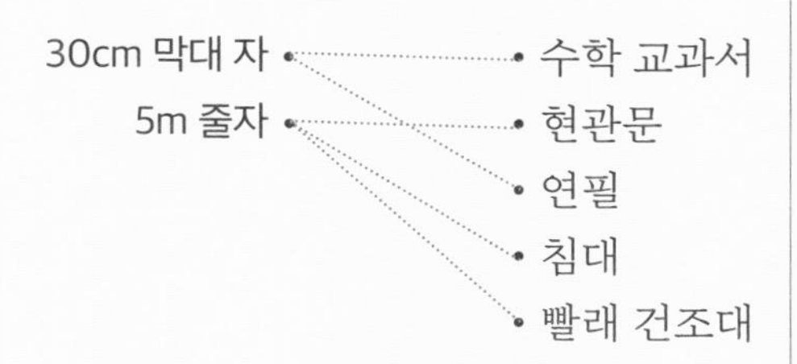

사용하기

운동장의 길이는 82m입니다. 걸음으로 어림하여 운동장의 중간 지점에 축구 골대를 놓으려고 합니다. 한 걸음의 길이가 약 1m입니다. 운동장의 한끝에서 걷기 시작하여 몇 걸음을 걸으면 중간 지점에 닿을까요? 알맞은 걸음 수를 □에 쓰세요.

41걸음

참여하기

'줄자'는 '막대 자'보다 장점이 많습니다. 그 장점은 무엇일까요? 곰곰이 생각하여 쓰세요.

첫째, 보통 줄자의 길이는 3m나 5m입니다. 반면에 보통 막대 자의 길이는 10cm, 30cm, 50cm, 100cm입니다. 그러므로 줄자는 막대 자로 재기에는 어려운, 크고 긴 물건의 길이를 쉽게 잴 수 있습니다. 둘째, 막대 자는 휘어진 물건의 길이를 잴 수 없지만, 줄자는 몸통처럼 둥글게 휘어진 사물의 길이도 잴 수 있습니다. 셋째, 줄자는 돌돌 감겨 있어서 휴대하기 편리합니다. 반면에 막대 자는 딱딱하게 고정되어 있어서 줄자보다 가지고 다니기에 불편합니다. 이 밖에 또 다른 장점이 있는지 생각해 보세요.

8 시계 읽기

나무 문해력 익히기

□에 알맞은 말을 쓰세요.

시간과 시각 구별하기
하루, 오전, 오후의 시간
짧은바늘과 긴바늘이 시계 판을 한 바퀴 도는 데 걸리는 시간
시계의 시각을 읽는 방법
시계의 시각을 다르게 읽는 방법

이해하기 1

'시간'과 '시각'의 낱말과 뜻풀이가 알맞게 서로 연결하세요.

시간 • • 시간의 한 순간
시각 • • 한 시각부터 다른 시각까지의 사이

이해하기 2

'오전'과 '오후'의 낱말과 뜻풀이가 알맞게 서로 연결하세요.

오전 • • 낮 12시부터 밤 12시까지
오후 • • 전날 밤 12시부터 낮 12시까지

판단하기

시계의 짧은바늘이 시계 판의 숫자 3과 4 사이에 있습니다. 시계의 긴바늘은 시계 판의 숫자 7을 가리키고 있습니다. 이 시각은 몇 시 몇 분일까요? □에 알맞은 시각을 숫자로 쓰세요.

3시 35분

사용하기

시계를 보니 현재 시각이 10시 57분입니다. 이 시각을 '몇 시 몇 분 전'으로 나타내려고 합니다. 알맞은 그 표현을 □에 숫자로 쓰세요.

현재 시각은 11시 3분 전입니다.

참여하기

하루는 24시간입니다. 하지만 시계 판에는 12시까지만 표시되어 있습니다. 왜 시계에 24시가 아니라 12시까지만 표시되어 있을까요? 곰곰이 생각하여 그 까닭을 쓰세요.

보통 시계의 큰 눈금은 12개입니다. 그런데 시계 판의 큰 눈금이 동서남북으로 하나씩만 표시되어 4개뿐인 시계도 있습니다. 참 간단히 표시한 시계입니다. 그래도 사람들은 그 시계의 짧은바늘과 긴바늘의 위치를 보고 대략의 시각을 알아차립니다. 반면에 시계 판에 큰 눈금을 24개나 그려 놓는다면 그 시계는 무척 복잡해 보일 것입니다(한 번 그려 보세요). 더욱이, 사람들은 지금이 오전인지 오후인지는 시계의 시각을 읽지 않아도 쉽게 알아차립니다. 그러므로 시계 판에 12시까지만 표시해 두어도 시계를 읽는 사람들은 지금이 오전 몇 시 몇 분인지, 또는 오후 몇 시 몇 분인지를 금세 알아차릴 수 있습니다. 그런 까닭에 보통 시계에는 12시까지만 표시되어 있는 것입니다.

9 자료를 알기 쉽게 나타내는 방법

나무 문해력 익히기

□에 알맞은 말을 쓰세요.

초등학생들이 가장 좋아하는 간식이 무엇인지를 조사함
조사 결과를 표로 나타냄
조사 결과를 그래프로 나타냄

이해하기 1

앞의 글의 조사 결과에서 학생들이 가장 좋아하는 간식 1위는 무엇이었나요? 그 간식에 밑줄 치세요.

치킨
아이스크림
피자
과자
떡볶이

이해하기 2

표와 그래프의 뜻풀이가 알맞게 서로 연결하세요.

표 • • 조사한 자료를 일정한 기준에 따라 그린 점, 직선, 곡선, 막대, 그림 등을 사용하여 알아보기 쉽게 정리한 것

그래프 • • 조사한 자료를 일정한 기준에 따라 그린 네모 칸들에 넣어 알아보기 쉽게 정리한 것

판단하기

표와 그래프에 제목을 붙여야 하는 까닭은 무엇인가요? 옳은 까닭을 밝힌 문장에 밑줄 치세요.

표와 그래프에 제목이 없으면 심심하기 때문이다.

표와 그래프가 어떤 자료인지를 나타내야 하기 때문이다.

표와 그래프에는 이름을 지어 주어야 하기 때문이다.

제목이 없으면 표와 그래프가 아니기 때문이다.

사용하기

동화 속 아기 돼지 삼 형제가 각자 집을 지었습니다. 첫째 돼지는 짚으로 집을 지었습니다. 둘째 돼지는 나무로 집을 지었습니다. 셋째 돼지는 벽돌로 집을 지었습니다. 이 삼 형제가 지은 집들의 재료를 표로 나타내 보세요.

아기 돼지 삼 형제가 지은 집들의 재료

삼 형제	첫째 돼지	둘째 돼지	셋째 돼지
재료	짚	나무	벽돌

참여하기

앞의 글에는 표보다 나은 그래프의 장점이 서술되어 있습니다. 그 장점이 무엇인지 글을 살펴 읽고 찾아 쓰세요.

앞의 글에서 밝혔듯이, 표는 수량을 종류별로 나타내기에 편리한 장점이 있습니다. 하지만 표는 그래프와 달리 종류별 수량의 크기를 한눈에 알 수 있게 서로 비교하여 보여주지는 못합니다. 반면에 그래프는 점, 선, 막대, 그림 등으로 자료에서 수량이 많은 것과 수량이 적은 것을 한눈에 알 수 있게 비교하여 나타낼 수 있습니다. 바로 그 점이 표보다 나은 그래프의 장점입니다.

10 질서 찾기

나무 문해력 익히기

□에 알맞은 말을 쓰세요.

'규칙'이라기보다 '질서'라고 부르고 싶다

달력에서 규칙(질서) 찾기

벽지와 타일 무늬에서 규칙(질서) 찾기

벽돌 담장을 쌓은 모양에서 규칙(질서) 찾기

이해하기 1

바둑판 모양의 달력에 있는 규칙이 아닌 문장에 밑줄 치세요.

달력에는 날짜들이 요일에 맞추어 나열된 규칙이 있다.
달력에는 날짜마다 요일이 쓰여 있다.
달력에는 날짜의 수가 오른쪽으로 갈수록 1씩 커진다.
달력에는 날짜의 수가 아래쪽으로 갈수록 7씩 커진다.

이해하기 2

벽돌 담장을 쌓은 모양에는 벽돌을 엇갈려 쌓은 규칙이 있습니다. 왜 벽돌을 엇갈려 쌓은 걸까요? 이 물음에 대한 적절한 대답에 밑줄 치세요.

벽돌의 수를 적게 들여서 쌓기 위함이다.
담장의 모양을 멋있어 보이게 하기 위함이다.
벽돌 담장이 쉽게 무너지지 않게 하기 위함이다.
담장 모양에 규칙을 나타내야 하기 위함이다.

판단하기

시계의 짧은바늘과 긴바늘에는 어떤 규칙이 있습니다. 그 규칙에 대한 설명으로 적절하지 않은 문장에 밑줄 치세요.

짧은바늘은 12시간마다 한 바퀴 돈다.
긴바늘은 1시간마다 한 바퀴 돈다.
짧은바늘은 30분마다 어떤 수를 가리킨다.
짧은바늘과 긴바늘은 항상 오른쪽 방향으로 돈다.

사용하기

오늘은 화요일이며, 3월 6일입니다. 그럼, 다음 주 화요일의 날짜는 몇 월 며칠일까요? 그 날짜를 □에 숫자로 쓰세요.

3월 13일

참여하기

8, 16, 24, 32, 40, 48, 56, 64, 72에는 어떤 규칙이 숨어 있습니다. 그 규칙을 발견하여 답변하세요.

제시한 수는 8에서 시작하여 8씩 커지는 규칙이 있습니다. 그런데 그 수가 72에서 끝마칩니다. 그러므로 이 수들은 곱셈구구의 '8의 단'을 나타낸 것입니다.